10 CLAVES
PARA ADMINISTRAR TU
TIEMPO

10 CLAVES
PARA ADMINISTRAR TU TIEMPO

Ideas simples para ser
más productivo

NICOLÁS SÁNCHEZ ISAME

> Sánchez Isame, Nicolás
> 10 claves para administrar tu tiempo: ideas simples para ser más productivo / Nicolás Sánchez Isame, Indepenently published, 2021.
> 146 pp.; 12,70 x 20,32 cm. (Autoayuda y Superación Personal)

Título original: 10 claves para administrar tu tiempo

© 2020, Nicolás Sánchez Isame
Todos los derechos reservados
Corrección profesional: Florencia Fernández
Diseño de portada: LDCV Elbio Rivero

No se permite la reproducción total o parcial, el almacenamiento, el alquiler, la trasmisión o la trasformación de este libro, en cualquier forma o por cualquier medio, sea electrónico o mecánico, mediante fotocopias, digitalización u otros medios, sin el permiso previo y escrito del editor. Su infracción está penalizada por las leyes 11.723 y 25.446.

Para más información visita:
- www.nicosais.com

Sígueme en mis redes sociales:
- /Nicolás Sánchez Isame
- @Nicosaisok
- @nicosais
- @nicosais

Escucha mi podcast "Una vida productiva":
- anchor.fm/unavidaproductiva
- open.spotify.com/show/unavidaproductiva
- ivoox.com/podcast-una-vida-productiva
- podcasts.apple.com/us/podcast/una-vida-productiva

ÍNDICE

GRACIAS POR COMPRAR ESTE LIBRO .. 9

PRÓLOGO 11
Por Jorge A. Espino Balaguer

INTRODUCCIÓN 13

**DIAGNÓSTICO: ¿CÓMO
ADMINISTRO MI TIEMPO?** 21

CLAVE 1
TEN DIRECCIÓN EN TU VIDA 43

CLAVE 2
CUIDA TU SALUD 57

CLAVE 3
APLICA EL PRINCIPIO 80/20 65

CLAVE 4
IMPONTE FECHAS LÍMITE 75

CLAVE 5
DISEÑA METAS Y OBJETIVOS CLAROS 81

CLAVE 6
PLANIFICA TU SEMANA 87

CLAVE 7
UNA SOLA COSA A LA VEZ 95

CLAVE 8
EVITA LOS LADRONES DE TIEMPO ...101

CLAVE 9
NO PROCRASTINES 109

CLAVE 10
MADRUGA 117

CONCLUSIÓN 125

NOTAS 127

BIBLIOGRAFÍA 133

OTROS LIBROS DEL AUTOR 137

SOBRE EL AUTOR 143

GRACIAS POR COMPRAR ESTE LIBRO

Felicidades, al adquirir este libro has dado el primer paso para gestionar mejor tu tiempo y ser una persona más productiva. Me encantaría conocer tu opinión luego de que lo leas. Te invito a que me dejes un comentario en Amazon; para ello, necesitas haber gastado al menos 50 dólares o euros (o el equivalente en tu moneda) en dicha tienda el último año. Tu comentario me ayudará a mejorar el contenido, a darle más visibilidad dentro de la plataforma y, en definitiva, a llegar y ayudar a más personas.

También, si tienes alguna duda o sugerencia no dudes en hacérmela llegar a la siguiente dirección: contactonicosais@gmail.com. Estaré encantado de contestarte.

Vuelvo a felicitarte y agradecerte por brindarme un poco de tu bien más preciado: tu tiempo.

PRÓLOGO

Por Jorge A. Espino Balaguer

La primera vez que me topé con *10 claves para administrar tu tiempo* no pude para de leerlo y lo terminé en tan solo una tarde. Al concluirlo, estaba contento. Una sensación de "Eureka" me invadió. Mi esposa lo notó enseguida al observar mi rostro.

Hablar de tiempo es hablar de la historia, del presente y del futuro, no solo de uno mismo, sino de todo aquello que nos relaciona con el mundo. En el ámbito empresarial siempre se ha hecho énfasis de «eficientar» y administrar mejor los recursos; en el ámbito personal sucede lo mismo: hacer más con menos.

¿Cuáles son esos recursos? El financiero, el humano y el operativo. Muchos de estos se incrementan y otros tantos disminuyen en la medida que sepamos o no gestionarlos. Teorías van y vienen sobre este concepto.

Pero el único recurso personal y empresarial del cual se habla y que pocos se atreven a profundizar es el tiempo. Porque es este recurso el que se invierte para generar los demás, así que, o se desperdicia y malgasta, o se emplea y administra de la forma correcta.

El tiempo, es como aquella tan conocida parábola bíblica de los tres talentos. Todos lo tenemos, pero depende del uso que cada quien le otorgue: o bien para enterrarlo, o bien para ponerlo a producir.

Los grandes líderes sociales y empresariales tienen un común denominador: saben qué hacer con el tiempo. Y aquí es donde el autor, Nicolás Sánchez Isame, nos va llevando de forma clara y precisa para entender la magnitud del concepto del tiempo, para realmente dimensionarlo, valorarlo, apreciarlo y, sobre todo, para saber cómo aprovecharlo.

10 claves para administrar tu tiempo es una obra tan digerible y práctica que te guía a la correcta gestión del tiempo. Personalmente me ha permitido alcanzar límites que no los hubiera logrado de no haber seguido tan sencillos pasos.

Con un estilo ligero pero a la vez profundo es sus reflexiones; práctico, de fácil implementación, pero a la vez complejo, porque te cuestiona para salir del status quo.

Estoy seguro, que tanto tú como yo, podrás hacer de *10 claves para administrar tu tiempo* tu mejor herramienta a partir de sus primeras palabras.

Jorge A. Espino Balaguer
CEO CADEM Consulting

INTRODUCCIÓN

No hay tiempo suficiente para hacer toda la nada que queremos hacer.

BILL WATERSON

Si pierdes tu dinero, ¿puedes recuperarlo? Sí.
Si pierdes las llaves de tu casa, ¿puedes recuperarlas? Sí.
Si pierdes una clase de aerobic, ¿puedes recuperarla? Sí.
　Pero, si pierdes tu tiempo, ¿puedes recuperarlo? ¡No!
　Y, si no puedes recuperarlo, entonces ¡¿por qué demonios lo desperdicias?!

La importancia del tiempo

Me parece de lo más curioso que las personas sean avaras con su dinero, pero no con su tiempo; si le pides a alguien unos cuantos billetes, tendrá recelos a la hora de hacerlo, pero prueba a pedirle un poco de su tiempo y no obtendrás ninguna resistencia.

¿Cuánto vale un día de tu vida? ¿Y un mes? ¿Qué tal un año? Como te habrás percatado, el valor de nuestro tiempo es tan inconmensurable que no podemos asignarle uno de manera racional.

Entonces, si el tiempo es nuestro recurso más preciado ¿por qué no lo valoramos como tal? ¿Por qué lo despilfarramos? Creo que, al menos en occidente, no le damos al tiempo el verdadero valor que merece porque, inconscientemente, pensamos o nos sentimos seres inmortales, creemos que vamos a estar en este mundo eternamente y solo reaccionamos cuando vemos el final cerca... aunque tarde.

Se dice que Dios puede permitirse la holgazanería porque cuenta con todo el tiempo del mundo, literalmente. Pero tú y yo no. Tú y yo somos seres mortales. Algún día, nos vamos a ir de este mundo y, a partir de entonces, ya no tendremos más tiempo. Jamás.

No sé si te percataste o no, pero el tiempo lo iguala todo. ¿Qué quiero decir con esto? Que, simplemente, todas las personas contamos con las mismas 24 horas cada día, las mismas 168 horas semanales y los mismos 365 días al año. Hace unos cuantos años, tras este somero análisis, me pregunté: ¿cómo es que, si todos disponemos exactamente de la misma cantidad de tiempo, solo algunas personas consiguen resultados extraordinarios en sus vidas mientras que muchas otras viven inmersas en la mediocridad? Aunque la pregunta tiene múltiples respuestas, algo resulta obvio: las personas exitosas saben qué es lo que hacen con su tiempo, las fracasadas no.

Las personas exitosas viven una vida muy consciente, saben con exactitud a qué dedican cada minuto de su tiempo y lo destinan, principalmente, a las cosas importantes de la vida. Y es que las cosas importantes de la vida son pocas, pero importan mucho. Jim Rohn les llama "*media docena de cosas*"[1], es decir, tan solo unas pocas cosas que pueden marcar una enorme diferencia.

Perder el tiempo ¿un problema actual?

Seguramente, tú estarás pensando que el hecho de perder el tiempo es solo un problema actual ya que, al estar bombardeados por distracciones constantemente, sea en internet, redes sociales o el teléfono móvil, despilfarrar el tiempo está a tan solo un clic de distancia. Es más, te justificarás diciendo cosas tales como:

- Es que Aristóteles no tenía Instagram, por eso podía dedicar tiempo al estudio de la filosofía en lugar de mirar la vida de los demás.
- Es que Napoleón no tenía teléfono, por eso necesitaba recorrer grandes distancias para comunicarse con otros líderes.
- Si Miguel Ángel hubiese tenido en sus manos una Play Station en vez de sus pinceles, seguro que se la hubiese pasado jugando al Fortnite en lugar de pintar la capilla Sixtina.
- Si Isaac Newton hubiese tenido Tinder a disposición, seguramente hubiese encontrado alguna pareja, hubiese dejado de obsesionarse tanto con la física y no hubiese fallecido "*llevándose a la tumba su virginidad*"[2].
- Si Benjamín Franklin hubiese tenido Netflix, seguro hubiese estado echado en su elegante sofá

en lugar de elaborar la Constitución de los Estados Unidos[3].

Sí, es cierto, estos personajes no tenían a disposición todas estas tecnologías que nosotros tenemos pero, ¿me creerías si te digo que ya hace miles de años que los grandes hombres de la historia se percataban de la importancia del tiempo? Si no me crees, te invito a leer con detenimiento la siguiente frase de Lucio Séneca[4], el filósofo cordobés maestro de Nerón que, unas décadas después de Cristo, decía lo siguiente:

"Es así: no recibimos una vida corta sino que la hacemos corta; no somos menesterosos de ella sino derrochadores. (...) la existencia se le expande mucho a quien bien la organiza." [5]

¿Lo ves? Inclusive Séneca escribió un libro entero sobre este tema titulado *Sobre la brevedad de la vida*, libro que por supuesto te recomiendo leer.

Puedes pensar que el caso de Séneca es solo una excepción pero, ¿y si te dijera que inclusive más de trescientos años antes que él hubo otro filósofo que ya se había percatado de la importancia del tiempo? ¿Y si te dijera que fue un gran filósofo, uno de los grandes pensadores de la historia? ¿Y si te dijera que fue discípulo del mismísimo Sócrates? ¡¿Y si te dijera que se llamaba Platón?!

Platón[6] desarrolló un concepto que denominó *los cuatro cuartos*, es decir, la idea de subdividir las 24 horas del día en cuatro cuadrantes; uno para dormir, uno para trabajar, uno para la comida y la higiene, y otro para los «divinos ocios».

Si sigues buscando en la historia, tanto reciente como antigua, fácilmente podrás percatarte de que toda persona que haya hecho algo suficientemente grande sabía aprovechar el tiempo de manera muy eficaz. Así que, ¿por qué mejor no dejas de buscar y sigues leyendo?

Ante mismo tiempo, distintos resultados ¿por qué?

Como te dije, hace muchos años me hice una importante pregunta:

«Si todos tenemos la misma cantidad de tiempo **¿por qué solo algunas personas tienen tanto éxito en sus vidas y realizan cosas impresionantes mientras que otras viven inmersas en la mediocridad?**»

Esta sola pregunta me llevó a años de estudio e investigación sobre la productividad personal y el éxito en la vida, además de biografías de personajes destacados de la historia; un viaje alucinante que me tiene aquí escribiendo este libro para ti.

Mira, no pretendo fastidiarte. Lo único que quiero es que le des al tiempo la verdadera importancia que se merece, que aprendas a administrarlo y que hagas de tu vida una verdadera obra de arte.

Lo que necesitas es desarrollar un sentido de la urgencia. ¿A qué me refiero? A que te percates de que un día te vas a morir. ¡Sí! Tú, yo y todos los mortales de este mundo, algún día, nos iremos de él.

Imagínate que un buen día aparece ante ti un oráculo con poderes que le permiten saber exactamente cuánto tiempo te queda de vida. Bien, imagina que el oráculo te dice que puedes disfrutar de tu vida porque aún te quedan unos largos sesenta años de existencia. ¿Qué sucedería? Que te relajarías. Ahora, imagina que, en cambio, el oráculo te mira a los ojos con cara de consternación y sin titubeos te suelta lo siguiente:

«Solo te quedan tres meses de vida».

¿Cómo reaccionarías? ¿Estarías relajado como en el caso anterior? Lo dudo mucho. Pero vayamos más a profundidad. Si su veredicto fuese verdad ¿qué harías a partir de ese momento? ¿Seguirías haciendo lo mismo que vienes haciendo? ¿O harías un cambio radical? ¿Compartirías tiempo con las mismas personas? ¿Pasarías más o menos horas con tu familia? En definitiva, ¿puedes ver cómo cambia la perspectiva acerca de tu propia vida con tan solo conocer «la fecha de caducidad»?

Ahora, sé que los oráculos solo existen en la saga de *Matrix* y que nunca se te aparecerá alguno, pero créeme, yo mismo escuché idénticas palabras hace ya casi dos años. Allá por octubre de 2018, me encontraba junto a mi madre en la habitación del sanatorio donde estaba siendo atendido mi padre, quién padecía de un avanzado cáncer de ganglios. Aproximadamente a las 7 pm apareció el oncólogo que lo atendía, lo revisó, salió de la habitación y nos llamó – a mi madre y a mí - para hablar a solas. Nos dijo que lo veía muy mal, que el cáncer iba a seguir tapando sus vías respiratorias, que le iba a provocar la muerte y que estimaba que tan "solo le quedaban tres meses de vida". Como lo ves, el oráculo puede ser una simple persona de guardapolvo blanco y elegantes zapatos vestida de médico.

Tal vez puedas sentirse un poco triste al leer esta historia, pero ese no es mi propósito sino todo lo contrario: ¡quiero que valores tu vida! Por más cosas malas que te pasen o lo que puedas estar sufriendo. Quiero que aproveches el tiempo que tienes, sea mucho o poco, y que vivas tu vida al máximo de tus posibilidades. No hacen falta grandes proezas sino disfrutar del viaje porque, en realidad, no hay ningún lugar al que llegar. El camino es el destino.

Te invito a que dejes de postergar, te ponga manos a la obra y hagas aquello que realmente deseas hacer para que así, cuando estés a punto de irte de este mundo (ojalá no como Newton), lo hagas con una sonrisa en los labios y con la plena satisfacción de haber hecho lo que te correspondía y no lo más cómodo.

DIAGNÓSTICO: ¿CÓMO ADMINISTRO MI TIEMPO?

No necesitas administrar el tiempo, necesitas administrarte a ti mismo.

RICHARD KOCH

Allá por Agosto de 2018, de repente comencé a sentirme cansado y deprimido y sin ninguna causa aparente. Por aquel entonces, estaba haciendo un curso de fotografía de tan solo una hora de cursado, pero, cuando salía del mismo, lo hacía exhausto. Me llamaba mucho la atención ya que, cuando estudiaba en la universidad, estaba hasta ocho horas diarias en las aulas y sin ese cansancio extremo que estaba sintiendo en aquel momento.

Decidí visitar a mi médico de cabecera.

- Cristian, me encuentro cansado y deprimido, y no hay ninguna razón lógica para que lo esté - le dije. Él me preguntó si estaba haciendo alguna dieta o entrenamiento excesivo, a lo que le dije que no. Entonces, me dijo que quizá podía estar estresado por el estudio o el trabajo. Y me resultó extraño, ya que no me estaba excediendo en las horas de estudio y/o trabajo, estaba haciendo deporte regularmente, mi alimentación era sana, y descansaba bien. Incluso los fines de semana llegaba a dormir más de diez horas, pero me levantaba como si hubiese dormido tan solo dos. Algo andaba mal.

Volví a visitar a Cristián semanas más tarde y le comenté que el cansancio persistía. Él me preguntó si alguna vez me había hecho un estudio de tiroides y le dije que, francamente, no sabía ni que era. Así que me mandó a hacerme estudios de sangre para ver cómo estaban mis niveles de TSH[7].

A la semana siguiente me hice los análisis correspondientes y, luego, visité nuevamente a Cristián, quien examinó los estudios y me dijo que ahora comprendía la razón de mi cansancio y «depresión»: tenía hipotiroidismo[8].

Pero y, ¿eso qué demonios tiene que ver con la administración del tiempo?

Nada...

¿Entonces?

Lo que quiero remarcarte es que tuve un problema con unos síntomas específicos, fui al especialista, éste me hizo un diagnóstico, encontramos el problema y le dimos una solución.

¿Sigues sin entender?

Lo que quiero que entiendas es que tú puedes hacer lo mismo con la administración que haces de tu tiempo; si notas que tienes problemas para gestionarlo, seguramente tendrás algunos síntomas, podrás hacer tu propio diagnóstico, ver dónde estás fallando y luego encontrarás una gama de soluciones al problema.

Por tanto, a continuación, te ofreceré una serie de síntomas que te alertarán de una mala administración de tu tiempo.

Síntomas de una mala administración del tiempo

Seguramente puede haber más, pero ahora te mostraré cuáles son los síntomas más habituales en una persona con una administración deficiente del tiempo. Fíjate si te identificas con alguno de ellos:

- **Jornadas de trabajo cada vez más largas:** estar ocupado no es lo mismo que ser productivo; no hacen falta más horas de trabajo sino trabajar de manera más eficiente. Es un error muy común confundir las horas trabajadas con el nivel de productividad.
- **Objetivos personales confusos o cambiantes:** la falta de especificidad en el diseño de los objetivos o el paulatino salto de uno a otro hará que pierdas dirección, por tanto, lo más probable es que retrocedas o te quedes estancado. Mejor establece pocos objetivos pero precisos y no vuelvas a plantearte otros distintos hasta que no los cumplas.
- **Falta de planificación:** quien no planifica para actuar, planifica para fracasar. La planificación es de fundamental importancia y no equivale a predecir el futuro, sino a reducir la incertidumbre

sobre el mismo, además de saber en todo momento qué actividad debes desarrollar, qué paso debes seguir y cuál será el siguiente a cumplir.
- **Tiempo excesivo de ocio, televisión y redes sociales:** las actividades ociosas son importantes para tu bienestar personal pero, como todo, en exceso resultan muy perjudiciales. Lo ideal es que programes un bloque de tiempo específico y en un momento determinado del día para las mismas. En cuanto a la televisión, existe una media mundial de más de tres horas de consumo diario[9] ¡casi media jornada tipo! ¿No te parece mucho? Ni hablar de las redes sociales que se encuentran a solo un clic de distancia; Facebook, Instagram, TikTok, YouTube; ingeniería social especialmente diseñada para hacerte adicto a las mismas y consumir gran parte de tu tiempo que podrías emplear en actividades mucho más productivas.
- **Multitarea:** muchas personas piensan que hacer muchas cosas a la vez es sinónimo de productividad, pero no; ¡es todo lo contrario! Cuando realizas varias actividades en simultáneo pierdes algo fundamental para ser productivo: el foco. Es mejor realizar una cosa a la vez y, al terminar una tarea, recién allí pasar a la otra.
- **Estrés, cansancio e irritación:** aunque existen diversas causas, el trabajar más horas de las necesarias sacrificando tiempo de descanso sin duda estresará tu cuerpo, tanto a nivel físico, mental y emocional. Constata las horas que le dedicas al trabajo porque, de ser excesivas, pueden representar un «estresor» o desencadenante del estrés.

- **Falta de claridad en las prioridades:** no saber distinguir lo urgente de lo importante, lo principal de lo secundario, es un claro signo de deficiencia en lo que a administración del tiempo se refiere. Para saber si una tarea o actividad es importante, debes conocer la consecuencia de realizarla, debes preguntarte: hacer esta tarea, ¿me va a hacer avanzar, estancarme o retroceder en el cumplimiento de mis objetivos?
- **Demasiadas actividades:** al igual que con la multitarea, programar demasiadas actividades en la semana y en tu día a día te provocará un mayor desgaste, falta de energía y, encima, no podrás completar ni disfrutar de cada una de las mismas.
- **Interrupciones y distracciones frecuentes:** si tú eres de las personas que cuando se disponen a trabajar interrumpe sus actividades laborales cada vez que suena el teléfono, con cada persona que toca a su puerta o con el sonido de alguna notificación de su móvil, aunque no lo parezca, tienes un problema bien grande. Mejor programa bloques de trabajo de 30, 60 o 90 minutos sin interrupciones y notarás la diferencia.
- **Procrastinación:** nunca nadie recibió un premio por dejar las cosas para después. La postergación es un serio problema en la actualidad, ya que tú te convence a ti mismo – para agradar a tu ego – de que harás más tarde eso que sabes que tienes que hacer ahora, realizando en el presente una actividad mucho más agradable en el corto pero dañina en el largo plazo.
- **Acostarse y levantarse tarde:** son muchas las personas que argumentan que el tiempo les falta

pero, se quedan hasta tarde mirando 2, 3 o 4 capítulos de series, acortando así el tiempo de sueño y levantándose tarde para ir a trabajar; no es de extrañar que les falte tiempo y que vivan apurados de un lado al otro.

Ahora que ya conoces varios de los síntomas de una mala administración del tiempo, quizá te estés preguntando cómo es una persona con una buena administración del mismo. Lo que debes conocer son las características de un buen administrador del tiempo.

Características de un buen administrador del tiempo

Según Jim Rohn, existen cuatro categorías de administradores del tiempo:

1. **El despreocupado:** es la persona que no se entera de nada, no tiene la más mínima idea de cómo administrar su tiempo.
2. **El adicto al trabajo:** esta persona dedica excesivo tiempo a la vida laboral, lo que afecta a sus relaciones sociales, ya que no le queda tiempo para dedicarle a su familia o amistades.
3. **El trabajador en horas de oficina:** es la persona que se olvida del trabajo apenas sale de la oficina. ¿Trabajar un fin de semana? ¡Ni loco!
4. **El administrador inteligente:** esta persona hace un uso eficiente del tiempo, programando

tiempo para «todo», para la vida laboral y personal, para el ocio, el descanso y el deporte, inclusive para no hacer nada. Asimismo, no tendrá problema en trabajar en horario extendido siempre y cuando sea necesario.[10]

Ahora bien, la idea es asemejarse al último de los casos, al administrador inteligente del tiempo. Este administrador tiene a su vez distintas características que lo distinguen:

- **Claridad:** sabe lo que quiere, cómo lo quiere y cuándo lo quiere. Es claro en sus metas y objetivos, así como en sus planes para poder concretarlos. Sus objetivos están presentados por escrito y son específicos.
- **Orden y organización:** suelen ser organizados tanto interior como exteriormente; es decir, tanto en su estructura de pensamientos como en sus métodos de trabajo y hasta en la forma en que disponen de sus elementos de trabajo en su oficina y/o escritorio.
- **Conocen la diferencia entre urgente e importante:** saben que las tareas urgentes deben cumplirse pero procuran centrarse en las importantes, ya que son estas últimas las que en definitiva le acercarán más a sus objetivos.
- **Usan herramientas:** ya sean calendarios – digitales o analógicos –, lista de tareas, cuadernos de proyectos, agendas o un sistema alfabético de archivos. Estas personas siempre tienen a disposi-

ción distintos tipos de herramientas que les sirven para tener un mayor control sobre lo que hacen con su tiempo.

- **Saben gestionar las distracciones e interrupciones:** pueden trabajar continuadamente sin que ninguna distracción los interrumpa, ya sea el teléfono móvil, internet, redes sociales o simplemente personas que requieran su atención. No temen apagar el móvil cuando están trabajando ni tampoco descuelgan el teléfono cada vez que suena.
- **Tienen prioridades:** saben en qué áreas destinar su energía, difícilmente podrá programar una cita con ellos que no esté prestablecida y, de hacerlo, deberá ser con suficiente antelación. No les da lo mismo hacer una actividad que otra.
- **Hacen pocas cosas:** aunque suene paradójico, estas personas focalizan su atención en uno o dos proyectos y, solo una vez que los terminan, comienzan con otro u otros; en el largo plazo, estas personas terminan muchos proyectos porque se centraron en el corto y mediano plazo en realizar solo uno a la vez.
- **Son proactivas:** no están esperando las oportunidades o que las cosas se hagan por sí mismas, crean las oportunidades y hacen que las cosas sucedan; no solo toman la iniciativa sino que eligen en dónde hacerlo. Saben que la montaña no va a ir a Mahoma.
- **Son personas de acción:** se mueven más rápido, trabajan más, leen más, estudian más, se forman más que el resto; siempre estarán impacientes por

ponerse en marcha y, aunque también suele gustarles la teoría, aman la parte práctica porque saben que solo allí podrán avanzar en su camino. Quieren aprovechar cada uno de los minutos que tienen disponibles.
- **Conocen el valor del tiempo:** saben que el tiempo es el recurso más valioso con el que cuentan, incluso mucho más que el dinero. Asumieron la muerte de forma madura y desarrollaron un sentido de la urgencia, sabiendo que no siempre van a estar en este mundo y que no pueden desperdiciar el tiempo disponible.

***

Ahora que ya vimos los síntomas de una mala administración del tiempo y los tipos y características de un buen administrador del mismo, veremos a continuación unas herramientas para que podamos hacer un auto-diagnóstico de cómo estamos administrando este preciado recurso.

Test de Marchena

El siguiente es un test que propone Marchena[11] y consiste en 30 preguntas que debes responder. Cada respuesta tiene una puntuación y al final del test deberás sumarlas todas para conocer qué tan bien o que tan mal estás administrando tu tiempo. Es necesario que respondas de manera sincera al ejercicio, ahora no es momento de juzgar cómo estás administrando tu tiempo sino de evaluar cómo lo estás haciendo.

¿Qué estás esperando? ¡Sácale punta a ese lápiz!

Indicaciones

0: no me ocurre (NO)
1: a veces me ocurre (AV)
2: habitualmente me ocurre (H)
3: sí me ocurre (SÍ)

Cuestionario

1. Soy plenamente consciente de a qué dedico mi tiempo diariamente.

   - No me ocurre.
   - A veces me ocurre.
   - Habitualmente me ocurre.
   - Sí me ocurre.

2. Registro por escrito mis metas y objetivos personales.

   - No me ocurre.
   - A veces me ocurre.
   - Habitualmente me ocurre.
   - Sí me ocurre.

3. Dedico periódicamente algún tiempo a reflexionar sobre el futuro.

- No me ocurre.
- A veces me ocurre.
- Habitualmente me ocurre.
- Sí me ocurre.

4. Suelo anticipar y hacer previsiones.

    - No me ocurre.
    - A veces me ocurre.
    - Habitualmente me ocurre.
    - Sí me ocurre.

5. Planifico y programo mi trabajo por escrito.

    - No me ocurre.
    - A veces me ocurre.
    - Habitualmente me ocurre.
    - Sí me ocurre.

6. Llevo siempre la agenda conmigo y la consulto habitualmente.

    - No me ocurre.
    - A veces me ocurre.
    - Habitualmente me ocurre.
    - Sí me ocurre.

7. Reviso a diario la programación de mi tiempo y mis actividades.

    - No me ocurre.
    - A veces me ocurre.
    - Habitualmente me ocurre.

- Sí me ocurre.

8. Me marco plazos para realizar las tareas y posteriormente los cumplo.

    - No me ocurre.
    - A veces me ocurre.
    - Habitualmente me ocurre.
    - Sí me ocurre.

9. Tengo claramente establecidas mis prioridades.

    - No me ocurre.
    - A veces me ocurre.
    - Habitualmente me ocurre.
    - Sí me ocurre.

10. Sé identificar las actividades críticas que determinan los resultados.

    - No me ocurre.
    - A veces me ocurre.
    - Habitualmente me ocurre.
    - Sí me ocurre.

11. Voy abordando las tareas por orden, según su importancia.

    - No me ocurre.
    - A veces me ocurre.
    - Habitualmente me ocurre.
    - Sí me ocurre.

12. Me concentro con facilidad.

    - No me ocurre.
    - A veces me ocurre.
    - Habitualmente me ocurre.
    - Sí me ocurre.

13. Evito las interrupciones o acorto, en lo posible, su duración.

    - No me ocurre.
    - A veces me ocurre.
    - Habitualmente me ocurre.
    - Sí me ocurre.

14. Reservo un tiempo diario para trabajar sin ser interrumpido.

    - No me ocurre.
    - A veces me ocurre.
    - Habitualmente me ocurre.
    - Sí me ocurre.

15. Durante mi tiempo libre me relajo, aparto los problemas y las preocupaciones.

    - No me ocurre.
    - A veces me ocurre.
    - Habitualmente me ocurre.
    - Sí me ocurre.

16. Aprovecho las horas de sueño para descansar lo suficiente.

- No me ocurre.
- A veces me ocurre.
- Habitualmente me ocurre.
- Sí me ocurre.

17. Intento respetar escrupulosamente el tiempo de los demás.

    - No me ocurre.
    - A veces me ocurre.
    - Habitualmente me ocurre.
    - Sí me ocurre.

18. Casi siempre llego con puntualidad a las citas.

    - No me ocurre.
    - A veces me ocurre.
    - Habitualmente me ocurre.
    - Sí me ocurre.

19. Aprovecho los tiempos de espera, los viajes y los desplazamientos.

    - No me ocurre.
    - A veces me ocurre.
    - Habitualmente me ocurre.
    - Sí me ocurre.

20. Tomo decisiones con facilidad.

    - No me ocurre.
    - A veces me ocurre.
    - Habitualmente me ocurre.

- Sí me ocurre.

21. Paso a la acción.

    - No me ocurre.
    - A veces me ocurre.
    - Habitualmente me ocurre.
    - Sí me ocurre.

22. Resuelvo los asuntos en el momento, evitando aplazarlos.

    - No me ocurre.
    - A veces me ocurre.
    - Habitualmente me ocurre.
    - Sí me ocurre.

23. Termino las tareas; procuro evitar dejarlas a medias.

    - No me ocurre.
    - A veces me ocurre.
    - Habitualmente me ocurre.
    - Sí me ocurre.

24. Realizo un trabajo de calidad sin llegar a caer en el perfeccionismo.

    - No me ocurre.
    - A veces me ocurre.
    - Habitualmente me ocurre.
    - Sí me ocurre.

25. No tengo dificultad en decir "no" cuando es necesario.

- No me ocurre.
- A veces me ocurre.
- Habitualmente me ocurre.
- Sí me ocurre.

26. Delego algunas actividades en otras personas.

- No me ocurre.
- A veces me ocurre.
- Habitualmente me ocurre.
- Sí me ocurre.

27. Organizo y coloco cada cosa en su lugar, y las encuentro con facilidad.

- No me ocurre.
- A veces me ocurre.
- Habitualmente me ocurre.
- Sí me ocurre.

28. Dispongo de un sistema de archivo y localizo rápidamente los documentos.

- No me ocurre.
- A veces me ocurre.
- Habitualmente me ocurre.
- Sí me ocurre.

29. Tengo organizado mi material de trabajo y mi mesa de estudio.

- No me ocurre.
- A veces me ocurre.
- Habitualmente me ocurre.
- Sí me ocurre.

30. Dispongo de suficiente tiempo para dedicarlo a mi familia, amistades, ocio.

- No me ocurre.
- A veces me ocurre.
- Habitualmente me ocurre.
- Sí me ocurre.

¿Listo? ¿Contestaste todas las preguntas de manera sincera? Muy bien, sigamos. Ahora debes sumar todas tus respuestas para conocer tu puntaje final. ¿Ya lo tienes? Bien, la manera de interpretar el test es la siguiente:

- Si obtuviste **menos de 30 puntos**, tienes muchos e importantes asuntos que ajustar y mejorar en tu administración del tiempo. Presta mucha atención allí donde obtuviste una baja puntuación, ya que es un fiel indicador que te muestra dónde estás fallando.
- Si obtuviste **entre 30 y 60 puntos**, estás un poco mejor, pero quedan varios ajustes por hacer. No te preocupes, vas por buen camino.
- Si obtuviste **más de 60 puntos**, quiere decir que tienes una buena administración del tiempo, pero podrías hacer ajustes para aprovecharlo al máximo y optimizar tu rendimiento.
- Si obtuviste una puntuación **cercana a 90 puntos**, entonces eres plenamente consciente de la

importancia de aprovechar el tiempo que tienes disponible y lo llevas a la práctica de forma sistemática. Pero espera, no te agrandes, aún puedes seguir aprendiendo.

No te preocupes si tu puntuación no fue la más alta, por algo estás leyendo este material. Lo ideal es que realices este test cada 90 días aproximadamente; si aplicas los principios de este libro y te pones manos a la obra, te aseguro que tu puntuación mejorará mucho.

Registro semanal

Cada año cuenta con 52 semanas y lo que hagas en cada una de ellas definirá los resultados que alcances el 31 de diciembre. Si haces las cosas bien, lograrás tus objetivos anuales, pero, si no lo haces, te encontrarás haciendo los típicos objetivos de Año Nuevo, esos que la mayoría hace en enero, pero olvida ya en febrero. Por favor, no seas como la mayoría.

El buen administrador del tiempo sabe a qué dedica cada minuto de este recurso. Tú, ¿sabes a qué dedicas tiempo en los siete días de la semana? Si no es así, te invito a que realices el siguiente ejercicio que, para ser sincero, es un poco tedioso, pero te será de gran ayuda. ¿En qué consiste? En hacer un registro de lo que haces en una semana típica tuya, de lunes a domingo y en intervalos de quince a treinta minutos. Ejemplo:

Lunes
06:00: me despierto y me cepillo los dientes.
06:30: desayuno escuchando música.

DIAGNÓSTICO: ¿CÓMO ADMINISTRO MI TIEMPO?

07:00: me alisto para ir a trabajar.
07:30: salgo para el trabajo.
08:00: comienza la jornada laboral.
...
¿Me sigues?
Sí, sé que es tedioso, pero, créeme, no hay otra forma de hacerlo. A efectos prácticos, puedes hacerlo como en el ejemplo anterior o utilizando una planilla de Excel, lo que a ti te sea más cómodo.

Una vez que hayas terminado el ejercicio, deberás completar un gráfico como el siguiente, pero en correspondencia con tus anotaciones y, posteriormente, colorear los bloques de tiempo de actividades similares, como ser trabajo, descanso, dormir, deporte, alimentación, sueño, etc. El gráfico debería quedarte más o menos así[12]:

HORA	LUNES	MARTES	MIÉRCOLES	JUEVES	VIERNES	SÁBADO	DOMINGO
00:00	Sueño	Sueño	Sueño	Sueño	Sueño	Sueño	Sueño
01:00							
02:00							
03:00							
04:00							
05:00							
06:00	Desayuno	Desayuno	Desayuno	Desayuno	Desayuno		
07:00	Trabajo	Trabajo	Trabajo	Trabajo	Trabajo		
08:00						Desayuno	
09:00						Compras	
10:00							Desayuno
11:00							
12:00							
13:00	Almuerzo	Almuerzo	Almuerzo	Almuerzo	Almuerzo		
14:00	Trabajo (tareas adm.)	Trabajo (tareas adm.)	Trabajo (tareas adm.)	Trabajo (tareas adm.)	Trabajo (tareas adm.)	Almuerzo	Almuerzo
15:00						Sobremesa	Sobremesa
16:00							
17:00	Merienda	Merienda	Merienda	Merienda	Merienda		
18:00	Gimnasio	Gimnasio	Gimnasio	Gimnasio	Gimnasio	Paseo centro comercial	Ocio
19:00							
20:00	Cocinar	Cocinar	Cocinar	Cocinar	Cocinar		
21:00	Cena	Cena	Cena	Cena	Cena		Cena
22:00	Ocio	Ocio	Ocio	Ocio	Tiempo en pareja	Cena fuera de casa	
23:00	Sueño	Sueño	Sueño	Sueño			Sueño

Porcentaje de actividades (cuadrícula 168)

Una vez que ya hayas realizado el ejercicio del registro semanal, estarás en condiciones de completar una cuadrícula como la siguiente, con la cual podrás formarte una idea visual de a qué actividad le estás dedicando tiempo y en qué proporciones.

Observa el siguiente gráfico, es una cuadrícula con 168 rectángulos que representan las 168 horas semanales (24 hs diarias x 7 días). Observa que cada cuadrado de la misma está coloreado con las horas destinadas a cada actividad según el ejercicio del registro semanal.

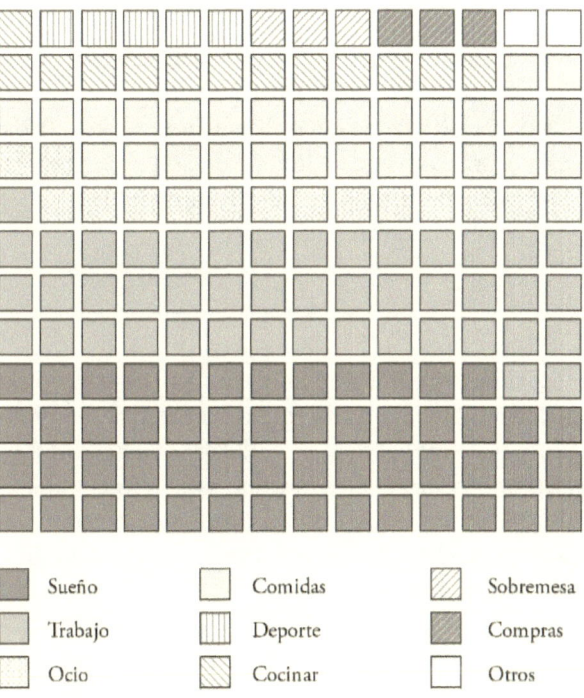

Ahora, con el gráfico completo, tienes un pantallazo general de cómo estás administrando tu tiempo. Luego de que lo completes, te invito a responder las siguientes preguntas:

- ¿Cuántas horas estás durmiendo?
- ¿Te vas a dormir tarde en la noche y te levantas temprano en la mañana?

- ¿Cuántas horas estás trabajando? ¿Te llevas trabajo a casa?
- ¿Trabajas continuadamente o con interrupciones constantes?
- ¿Cuánto tiempo pasas en redes sociales? ¿Mirando la televisión? ¿Y en Netflix?
- ¿Estás haciendo deporte regularmente o... nada?
- ¿Estás comiendo a horarios?
- ¿Cuánto tiempo le dedicas a tu pareja?
- ¿En serio quieres que siga?

***

Bien, si realmente hiciste los ejercicios que te propuse, ya eres plenamente consciente de cómo estás administrando tu tiempo, a qué actividades se lo dedicas y en qué proporción. Ahora tienes que hacer ajustes y aplicar una serie de principios, hábitos e ideas que te harán mucho más productivo. De eso tratan los siguientes capítulos de este libro.

Clave 1

TEN DIRECCIÓN EN TU VIDA

No hay viento favorable para un barco sin rumbo.

LUCIO SÉNECA

¿Un viaje sin destino?

Seguramente, alguna vez en tu vida has realizado un viaje, ¿cierto?

¿Qué es lo primero en lo que pensaste? En el destino, el lugar al que querías viajar, ¿cierto?

Inclusive, si alguna vez solicitaste un billete por internet, sabes que, además de pedirte tus datos personales, el punto de partida, los datos de tu tarjeta de crédito y demás cosas, hay una cosa indispensable para finalizar la transacción: el lugar de destino.

Sé que todo esto suena muy obvio pero, tú, en tu vida ¿sabes adónde te diriges? ¿Tienes una dirección, un norte? ¿Has definido tu destino?

No te preocupes, no te culpo. En la escuela nunca nos han hecho esta pregunta, pero en la educación superior sí, ¿no es así? ¡Pues no! He estado casi una década estudiando en la universidad y, aunque tiene cosas muy buenas, la pregunta sobre qué queremos hacer con nuestra vida nunca ha aparecido, ni un ápice de la misma. Pero para ofrecerte una breve guía está este capítulo.

Tú debes ocuparte de definir la dirección que quieres tomar en tu vida y, de ser posible, que sea lo más específica posible. Pero, y es un gran pero, es imposible definir el futuro con precisión milimétrica. Te digo todo esto porque en mucha de la bibliografía del desarrollo personal se insiste, y con buenas intenciones, en definir nuestra «vida ideal» hasta el más ínfimo detalle pero, además de que es imposible, muchas veces resulta abrumador. Insisto, por eso te hablé de dirección en la vida.

Veamos un ejemplo. Supongamos que tú, al igual que yo, te encuentra en Argentina y decides hacer un viaje. Entonces, si no defines el destino no podrás trazar una dirección, ya que contarás con más de 190 países como opciones de destino[13]. Tu «idea» de viajar se vería algo así:

CLAVE 1
TEN DIRECCIÓN EN TU VIDA

Viendo el panorama con tal cantidad de opciones, decides enfocarte en un solo continente: Europa. Con esta simple decisión, ya has eliminado de la lista de posibles destinos a más de 160 países de los restantes continentes. La dirección ya aparece más clara, como la del siguiente gráfico:

Una vez que decidiste que viajarás al continente europeo, decides ir un paso más allá y elegir el país que siempre quisiste conocer: Italia. Y, como ya le tomaste el pulso a esto de establecer una dirección clara, decides incluso ir un paso más allá y visitar la mágica ciudad que siempre quisiste conocer: Roma. ¿Puedes creerlo? Has pasado de más de 190 países a tan solo una ciudad. Ahora, la dirección aparece nítida y ya puedes comenzar con los preparativos para este apasionante viaje. ¡Qué subidón! Ahora, el gráfico, limpio y claro como el agua se ve así:

Lo que te propongo es que haga lo mismo con tu vida. Por supuesto, no es tan sencillo, ya que no puedes ver el «mapa completo», sino que tendrás que arriesgarte e ir tomando decisiones que te hagan avanzar en el camino hasta que encuentres una dirección lo suficientemente clara y motivadora como para que te incite a avanzar día tras día.

Y no tienes que tener la certeza absoluta del destino; tal como dice Jack Canfield: *"inclínese hacia el éxito"*[14], es decir, elige un destino y traza una dirección para llegar hacia él y, en caso de equivocarte, elige otro camino pero sin cambiar el destino.

Lo que tú debes hacer se conoce como ejercicio de reingeniería inversa; es decir, ir hacia adelante en el tiempo y luego dar la vuelta, mirar hacia atrás y tratar de averiguar cuáles son los pasos que, uno a uno, debes dar para llegar hasta ese sitio.

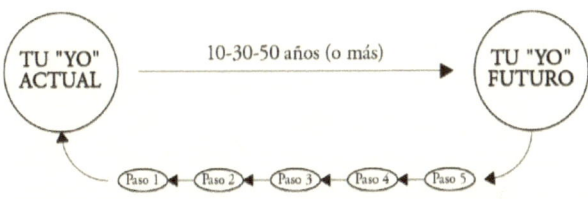

Una vez que tengas una idea del destino junto con una dirección para alcanzarlo, solo te resta diseñar un plan de acción y ponerte manos a la obra.

Tu brújula interior

¿Te imaginas qué le ocurriría al capitán de un barco si, en medio de una travesía, se le rompiese la brújula? Pues, que simplemente ¡estaría perdido!

¿Y qué tal un arquero, dispuesto con su arco y flecha a dar en el blanco pero con los ojos vendados? ¿Qué sucedería? Que erraría el blanco por el simple hecho de que no puede verlo. Pues así andan la mayoría de personas, sin rumbo por la vida, sin una brújula que los guíe, sin un blanco al que apuntar... y después se preguntan por qué no avanzan.

Pero entiendo que tú no eres así, por algo estás leyendo este libro.

En el libro *PNL. La nueva tecnología del éxito* los autores Steve Andreas y Charles Faulkner comentan que existen dos tipos de direcciones de motivación: la motivación de «ir a» y la de «alejarse de»[15]. Ninguna es buena o mala por sí misma; sin embargo, la primera de ellas es característica de personas exitosas, ya que exige proactividad, hacer que las cosas pasen, ir hacia los objetivos; la segunda, por su parte, suele ser muy útil para prevenirnos de los futuros problemas u obstáculos que se nos puedan presentar en el camino.

De modo que, piensa ¿hacia dónde quieres ir? Y ¿hacia dónde no quieres ir? Respondiendo estas dos preguntas ya puedes contar con buena información para comenzar a ajustar tu brújula interior.

Aunque en occidente no los valoremos como en oriente, las personas de edad avanzada pueden ser grandes maestros, ya que han vivido muchos años, cuentan con mucha experiencia que puede sernos de gran ayuda para obtener guía en nuestra vida. Como sé que puede ser complicado obtener la guía de personas sabias (mentores) porque, por un lado, el acceso a las mismas suele ser costoso y, por otro, porque el mero hecho de que tengan una muy avanzada edad no quiere decir que tengan una avanzada sabiduría; no basta solo con vivir muchos años sino con vivir muchas experiencias. Entonces, para ofrecerte un atisbo de solución, quiero presentarte los cinco arrepentimientos más comunes que las personas suelen tener en su lecho de muerte. Y no me los he inventado, sino que proceden de la autora Bronnie Ware[16], quien en sus inicios como enfermera de pacientes terminales pudo advertir cuáles eran las cinco cosas más comunes de las que estas personas se arrepentían antes de partir. Veámoslas:

1. No haber tenido el valor de hacer lo que quería en la vida.
2. Haber dado tanta importancia a las opiniones ajenas.
3. Haber trabajado tanto.
4. No haber elegido ser feliz.
5. No haber expresado mis sentimientos.

Te invito a que reflexiones acerca de estos arrepentimientos ya que, por un lado, representan los lugares hacia los que no quieres ir y, por otro, se trata de cinco grandes errores que sabes que no debes cometer. ¿No te parece una enorme ventaja?

Trampas

En el instante en que te dediques a diseñar la dirección de tu vida, es muy probable que puedas caer en alguna de las siguientes trampas, pero, como quiero que eso no te suceda, te voy a enseñar algunas de ellas para que las tengas presentes y no caigas en sus redes.

La primera trampa es una vida de lujos. Tú ves el lifestyle de los ricos en las películas y resulta muy cautivador; es muy seductora la idea de disponer de todos esos lujos, incluyendo autos deportivos, hoteles cinco estrellas, ropa de diseñador, viajes lujosos, yates impolutos, drogas y alcohol y, por supuesto, una enorme abundancia de hombres y/o mujeres según sea el caso. Pero no te engañes, no todo lo que reluce es oro. Ese tipo de juguetes pueden hacerte feliz solo por unos breves momentos para luego hacerte sentir más vacío que nunca.

Por ello, muchas personas multimillonarias que lo tienen «todo» terminan suicidándose; ojalá no seas una de ellas.

La segunda trampa es elegir una dirección desalineada con tu propósito de vida. Tal vez puedan ser actividades o profesiones que estén de moda y que, en apariencia, reporten muy buenos beneficios económicos pero, ¿y si no te apasionan? ¿Vas a seguir adelante cuando aparezcan las adversidades? Lo más probable es que, si no sientes verdadera pasión por lo que haces, no podrás resistir el tiempo necesario para ver florecer tus proyectos; si tú no eres un verdadero atleta, no podrás entrenar duro durante muchos años; si tú no eres un verdadero emprendedor, no serás capaz de trabajar día y noche durante años hasta que tu negocio comience a dar beneficios. Simplemente abandonarás.

La tercera trampa tiene que ver con una vida de total ocio. Es la típica imagen de aquella persona que quiere emprender soñando con que algún día estará tranquilo en la playa con un Martini en la mano y disfrutando de la vista. No digo que no pueda ser atractivo, pero solo por unos días, luego de los cuales te sentirás aburrido. Y algo similar sucede con el concepto de la jubilación. Te explico, el término jubilación proviene del latín «iubilare» y quiere decir *gritar de alegría* o *saltar de júbilo*. ¿Qué sucede? Que, en primer lugar, nadie te garantizó que llegues a esa edad para retirarte y, en segundo lugar, que no estarás de júbilo si no tienes nada para hacer ¡y eso en el caso de que puedas saltar a los 75 años de edad! No te engañes, la felicidad no viene de no hacer nada sino de hacer lo que te apasiona. Por algo los magnates no se retiran de su actividad y no tienen un gramo de ganas de hacerlo. Tal es el caso de J.K. Rowling, la autora de la saga de Harry Potter, quien comenta que el día más feliz de su vida no fue cuando se hizo multimillonaria sino cuando se pudo dedicar a escribir a tiempo completo.

Obstáculos

¿Pensabas que el camino iba a ser recto y llano, libre de dificultades? Pues no, ni para ti ni para nadie. Según Ken Robinson, cuando una persona busca su Elemento[17], es decir, su pasión en la vida, generalmente se va a encontrar con tres tipos de obstáculos:

1. Personales.
2. Sociales.
3. Culturales.

Para el caso de los obstáculos personales, los más comunes son la falta de autoconfianza y fe, y tienen que ver básicamente con el miedo; el miedo a fallar, a fracasar, a que no funcione, etc. Es ese dialogo mental que nos dice: «¿seré capaz de lograrlo?»

Para el caso de los obstáculos sociales, estos tienen que ver sobre todo con el qué dirán, con la reacción de las personas de nuestro entorno más inmediato, tienen que ver con la probable desaprobación por parte de estas personas, que inclusive pueden ser parte de nuestra familia. En este caso, el dialogo mental es el del tipo: «¿qué van a decir de mí?»

En tanto, los obstáculos de tipo cultural tienen que ver más que nada con el entorno geográfico en el que uno se encuentre; si uno quiere convertirse en un exitoso actor es más probable que lo consiga cerca de Hollywood que en un aislado pueblo en el Himalaya. Robinson pone los ejemplos de Zaha Hadid y Bob Dylan; Zaha Hadid fue una de las arquitectas más famosas, la única mujer en ganar el Pritzker (el Nobel de la arquitectura), pero tuvo que trasladarse de Bagdad a Nueva York para poder desarrollar su enorme creatividad; en el caso de Bob Dylan, también tuvo que trasladarse a Nueva York para poder desarrollar la música con la que luego se haría famoso. Te dejo con unas palabras del mismísimo músico:

"(...) la música folk era todo lo que yo necesitaba para existir... no me importaba ni me interesaba nada aparte de la música folk. Planifiqué mi vida alrededor de ella. Tenía muy poco en común con cualquiera que no fuese de la misma opinión."[18]

De modo que, para poder recorrer el camino de tu vida, tendrás que hacer frente a tus miedos más intensos, prepararte para la crítica y la desaprobación, y hasta cambiar de entorno o mudarte si la situación así lo requiere.[19]

¿Cómo encontrar el rumbo de mi vida?

Hasta que llegamos a la pregunta del millón: «¿qué hago con mi vida?» Bien, veamos qué podemos hacer.

En primer lugar, y es algo que entendí hace no mucho, es que el GPS de nuestra vida es uno y solo uno para todas las personas del mundo... a ver, a ver ¿cuál es? La felicidad. Así es, nuestro GPS es todo aquello que nos hace felices, pero cuidado, no quiere decir que nos otorgue gratificación instantánea sino felicidad. Y aunque la felicidad es difícil de definir, cada persona sabe internamente qué es aquello que le hace feliz o le haría feliz de realizarlo. Es más, hasta el Dr. Mihaly Csikszentmihalyi vinculó la felicidad al propósito de vida cuando dijo: "*Cada uno de nosotros tenemos una idea, aunque sea vaga, de lo que le gustaría conseguir antes de morirse. Lo cerca o lejos que lleguemos a conseguir este objetivo se convierte en la medida de la calidad de nuestra vida; si al menos lo hemos conseguido en parte, sentimos felicidad y satisfacción.*"[20] De modo que debes preguntarte qué te hace feliz y orientar tus acciones en torno a ello, en la medida de lo posible.

Lo segundo que puedes hacer para desarrollar tus pasiones es conocer tus talentos innatos. ¿Cómo lo haces? Brian Tracy nos expone una serie de puntos para reconocerlos, fíjate si te sientes identificado con alguno o algunos de ellos:

- Es una tarea que nos entusiasma hacer y que disfrutamos, incluso la haríamos gratis.
- Hacemos bien esa actividad.
- Esos dotes son la mayor causa de su éxito.
- Es algo que nos resulta fácil de aprender y de hacer.
- Nos mantiene la atención, nos fascina.
- Nos entusiasma aprender más y mejorar sobre ese tema, tenemos un profundo deseo de descollar en ese campo en particular.

- Mientras lo hacemos, el tiempo se para, lo podemos hacer indefinidamente por largos periodos de tiempo.
- Admiramos y respetamos a otras personas que destacan en el mismo campo. Queremos ser como ellos y emularlos en todos los sentidos.[21]

Por último, otra de las cosas que podemos hacer para encontrar la dirección de nuestra vida es atrevernos a hacernos una serie de preguntas difíciles de responder, tanto a nivel filosófico como práctico. Te las dejo para que reflexiones acerca de ellas:

1. Si no tuvieses la obligación de hacer lo que estás haciendo ¿harías lo mismo o harías algo distinto? En el segundo caso ¿qué sería ese algo distinto?
2. Si el dinero no fuese un problema en tu vida ¿qué estarías haciendo con la misma?
3. Si te garantizaran el éxito en aquello que deseas hacer ¿qué harías?
4. Si no tuvieses ningún tipo de miedo en tu vida ¿qué estarías haciendo? ¿El miedo te limita a ti o tú limitas a tus miedos?
5. Si mañana mismo te expulsaran de tu actual trabajo ¿qué comenzarías a hacer?
6. Si no tuvieses que complacer a tus padres, pareja o amistades ¿estarías trabajando en lo mismo? ¿Estarías estudiando la misma carrera?
7. Si supieras que tu trabajo no te va a conceder ningún tipo de aprobación social tal como fama o prestigio, ¿lo seguirías haciendo?

CLAVE 1
TEN DIRECCIÓN EN TU VIDA

Y hasta aquí con el tema de encontrar el rumbo de tu vida. Espero no te limites solo a leer este capítulo sino a aplicar lo aprendido. ¿Quién sabe? Tal vez tu vida pueda dar un giro de 180° a partir de este preciso momento.

Clave 2
CUIDA TU SALUD

Si uno adopta el modelo de vida centrado en los huevos de oro y se olvida de la gallina, pronto se encontrará sin los medios que produzcan los huevos.

STEPHEN COVEY

Salud y productividad

Podemos definir la productividad como la relación, dentro de un sistema productivo, entre los productos obtenidos y los medios para producirlos. Cuando se trata de productividad personal, los productos obtenidos o resultados dependerán de las metas y objetivos de cada persona, pero «los medios» para producirlo siempre serán idénticos en todos los casos: uno mismo. Esa es la razón por la cual, si tú no cuidas de tu salud, no podrás ser productivo. Para que no se te olvide, te lo voy a repetir: **si tú no cuidas de tu salud, no podrás ser productivo**. ¿Quedó claro?

El autor de la cita que inicia este capítulo expone en su famoso libro *Los 7 hábitos de la gente altamente efectiva* una analogía entre la gallina de los huevos de oro y los huevos de oro propiamente dichos. Se trata de la fábula de un granjero que de repente vio que su gallina producía huevos de oro y, producto de la codicia, presionó a la gallina cada vez más para que pueda producir más y más huevos, hasta que fue tanta la impaciencia que, un buen día, decidió matar a la gallina para poder sacar todos los huevos de su interior de manera inmediata. Lógicamente, el granjero se quedó «sin el pan y sin la torta», dado que mató a la gallina de la que obtenía los preciados huevos.

Aunque parezca tonto, muchas personas hacen lo mismo pero, ¿cuál es el problema? ¡Que la gallina en cuestión son ellas mismas! De este modo, someten a su cuerpo y mente a mucha exigencia, estrés, tensiones, preocupaciones, todo con el fin de obtener más huevos de oro hasta que un día la gallina queda extenuada ante semejante demanda, requiriendo un tiempo prolongado para recuperarse.

Y esa es la razón por la que incluyo este apartado en este libro, ya que en la inmensa mayoría de libros sobre productividad se suele omitir este asunto: se habla de técnicas, trucos y estrategias para ser más productivo, pero se olvida de lo más importante que es uno mismo o, siguiendo con la fábula, se olvida de cuidar a la gallina de los huevos de oro. Así que vamos a ver qué podemos hacer para cuidar de nuestra salud para lograr que la relación entre lo producido y los recursos de producción se encuentren en equilibrio.

CLAVE 2
CUIDA TU SALUD

Los pilares de la salud

Para cuidar de la salud, existen ciertos pilares que debemos contemplar. Por supuesto que existen más aspectos, pero estos son los esenciales:

1. Alimentación.
2. Ejercicio físico.
3. Sueño y descanso.

Veamos brevemente cada uno de ellos.

Aunque en la actualidad muchas personas se están concientizando sobre la importancia de la alimentación en la salud, aún sigue siendo un área un poco descuidada. Alimentarse bien es fundamental, los alimentos son como el combustible de tu automóvil; para que éste funcione al 100%, necesitas darle el combustible de la mejor calidad, ¿y qué crees? ¡Tu cuerpo también! De hecho, tu cuerpo es una máquina extraordinaria y muy superior a tu automóvil. La única diferencia es que tú puedes elegir o cambiar tu automóvil cuando desees (si tienes el dinero, obviamente) pero no puedes hacer lo mismo con tu cuerpo: tienes uno solo y por eso tienes que cuidarlo, no es opcional, es o-bli-ga-to-rio.

En cuanto a la actividad física, también es de suma importancia. Nuestro cuerpo está diseñado para moverse, para estar en movimiento. Nuestros ancestros estaban constantemente moviéndose, cazando animales o recolectando frutas y verduras. No estaban todo el día deslizando el dedo por una pantalla. La vida cambia cuando uno hace ejercicio; el cuerpo se siente mejor, la mente más relajada, el humor mejora, uno se hace más optimista y alegre y se vuelve más proactivo, con más iniciativa para realizar proyectos.

En cuanto al último bloque, quiero primero hacer la distinción entre sueño y descanso: cuando digo sueño me refiero al tiempo que pasamos dormidos, y cuando digo descanso me refiero al tiempo de ocio en el que no estamos trabajando. Con respecto al sueño, tanto la cantidad y, sobre todo, la calidad de horas que tengas en las noches, tendrá una relación directa con tus niveles de productividad, será como empezar cada día con tu batería cargada a tope. En cuanto al descanso, es importantísimo para ser productivo ya que no se puede estar constantemente trabajando, una persona necesita momentos de descanso y estos pueden ser tanto en el día a día como en periodos más prolongados como las vacaciones.

De por sí, cada uno de estos bloques resultan extensos, tanto que podrían escribirse (y de hecho ya hay escritos) varios libros por cada uno de ellos. No obstante, a continuación te daré una serie de tips para que puedas poner en práctica y que tu gallina de los huevos de oro esté en plenitud.

¿Cómo mejorar mi salud?

Para una mejor comprensión, vamos a seguir con el mismo orden en que los pilares de la salud fueron presentados.

Como ya te he dicho, lo primero que debes hacer, si quieres de veras mejorar tu alimentación, es contactar y asesorarte por un profesional de la nutrición. Mientras tanto, puedes realizar lo siguiente:

- **Eliminar los productos ultra-procesados:** los alimentos, entre más alejados de su origen, más químicos contienen y, por supuesto, menos saludables son. Los productos más sanos no contienen ninguna etiqueta y no están empaquetados en ningún recipiente. Reduce al mínimo todo este tipo de productos, ya sea galletitas, refrescos, pasteles, dulces, etc. Tu cuerpo te lo agradecerá.
- **Al menos la mitad de tu alimentación debe ser vegetariana:** «¿entonces, Nicolás, me estás pidiendo que me vuelva vegano? Con lo caro que está…» ¡No! No dije eso. Simplemente la mitad de tu alimentación, no es tan difícil. Comienza a incorporar dos o tres porciones de frutas por día en sus desayunos o meriendas, y una a dos porciones de verduras y hortalizas en sus almuerzos y cenas. ¿Ves que no es tan complicado?
- **Reemplaza las bebidas azucaradas por agua:** todo el mundo sabe que debe consumir al menos 2,5 litros de agua por día y que, al mismo tiempo, debe dejar de beber refrescos azucarados. Sé que todos esos dulces refrescos son muy ricos porque, para eso están diseñados, para que tú te hagas adicto a ellos y no puedas parar de consumirlos. Créeme, estos productos no están diseñados para cuidar tu salud sino simplemente para enriquecer a sus productores. Entonces, ¿deberías eliminarlos por completo? Sería lo ideal, pero con que los reduzcas al mínimo posible es suficiente.

Por otro lado, para comenzar a realizar ejercicio físico, primero te recomiendo que te hagas un chequeo médico y que, por sobre todas las cosas, conozcas el nivel en el que te encuentras: si hace veinte años que no te mueves del sillón, no puedes pretender hacer la rutina de *La Roca* Dwayne Johnson en el gimnasio. Imposible. Por cierto, ese es el primer tip:

- **Hazlo progresivamente:** ve poco a poco, paso a paso. Recuerda que no estás compitiendo contra nadie sino que te estás mejorando a ti mismo. Comienza el primer mes con una caminata, luego incorpora un trote suave, luego correr, después apúntate al gimnasio. Pero no intentes hacer todo junto porque, si así lo haces, solo obtendrás una cosa: el fracaso.
- **Elige un deporte que te guste:** si no te gusta ir al gimnasio, pues entonces no vayas; mejor elige alguna actividad que por naturaleza te agrade y busca un club o establecimiento donde puedas practicarla. Y si es en grupo mejor, así no te sentirás tan solo o sola en el proceso, además de que te lo pasarás mejor y conocerás nuevas personas. Es ganar en todo.
- **Vigila el horario en el que practicas deporte:** en mi opinión, el mejor momento para hacer ejercicio es temprano en la mañana, ya que recargarás tus pilas para el resto del día y te sentirás mucho mejor y más optimista para encarar tu jornada. Pero puede ser que no puedas y, en tal caso, no es una buena idea hacer ejercicio muy cercano a la hora de dormir, ya que activarás tu

cuerpo y aumentarás tu temperatura y la conciliación del sueño te costará bastante trabajo.

En cuanto al sueño y al descanso, y teniendo en cuenta la distinción que hice entre ambos, puedes llevar a cabo las siguientes ideas:

- **Horarios regulares para dormir:** uno de los problemas más comunes en las personas que tienen una calidad de sueño deficiente es la irregularidad en los horarios en los que duermen. Si así lo haces, lo único que conseguirás es alterar tu reloj biológico interno (conocido como ritmo circadiano) pero, para ajustarlo, lo que debes hacer es despertarte y acostarte a la misma hora al menos seis días a la semana si es que tu reloj biológico interno está muy desalineado.
- **Acondicionamiento ambiental:** el lugar en donde duermes es de suma importancia, tanto tu cama como tu habitación; para el primer caso, procura comprar el mejor colchón que puedas permitirte, es una gran inversión para tu vida; en el segundo caso, resultan cruciales controlar la temperatura de la habitación, así como disminuir la intensidad de los sonidos del exterior, dejar fuera todo dispositivo tecnológico que emita sonido o luz y, por supuesto, contar con cortinas que dejen tu dormitorio totalmente a oscuras, ya que un pequeño haz de luz interferirá en tu calidad de sueño.
- **Descansos programados:** en tu día a día, debes tener tiempos de trabajo y de descanso; puedes ayudarte con la técnica de Pomodoro; es decir,

tener bloques de trabajo de cincuenta minutos seguidos de diez de descanso[22]. En tanto, también debes programar periodos de descanso más prolongados; en el plazo semanal, al menos debes tener un día totalmente libre de actividades laborales; en términos semestrales o anuales, debes programar días de descanso o vacaciones libres de trabajo. Recuerda que es mejor tener varios periodos cortos de descanso o vacaciones distribuidos en el año que uno solo prolongado.

¿Qué beneficio obtendré de todo esto?

Como te dije, el objetivo de mejorar tu salud en relación a la productividad es que acondiciones tu gallina de los huevos de oro para que la misma produzca la mayor cantidad de huevos de oro y de la mejor calidad posible.

Cuando, de manera progresiva, logres articular estos tres pilares de la salud, comenzarás a sentirte mejor, más pleno y feliz, más positivo y con iniciativa. Tu cognición, concentración y velocidad para procesar información mejorarán, haciendo que puedas retener más información y que puedas producir más si es tu caso. Tu metabolismo se acelerará y, con ello, la energía de su cuerpo. Con un sueño de calidad dispondrás del 100% de la energía de tu batería para operar día a día, además de la frescura que se siente al tener noches de sueño de calidad, junto con el descanso que las buenas jornadas productivas merecen.

¿No te parece que vale la pena?

Clave 3
APLICA EL PRINCIPIO 80/20

Es vano hacer con más lo que se puede hacer con menos.

GUILLERMO DE OCKHAM

¿Qué es el principio 80/20?

A mediados del Siglo XIX, un ingeniero, sociólogo y economista italiano determinó que, aproximadamente, el 80% de las tierras de Italia le pertenecían a un 20% de la población de aquel país, y viceversa; es decir, que el restante 20% de superficie le pertenecía al otro 80% de la población. También estableció matemáticamente que, en caso de dividirse el total de riquezas del país en partes iguales para cada habitante, al cabo de tan solo cinco años estas volverían a las mismas manos, a ese privilegiado 20%. Este hombre se llamaba Wilfredo Pareto y fue el propulsor del principio de Pareto o principio 80/20.

Entonces, ¿qué quiere decir este principio? Básicamente, que el 80% de las consecuencias devienen de un 20% de causas, y que el otro 20% de consecuencias devienen de un 80% de causas. Observa el siguiente gráfico:

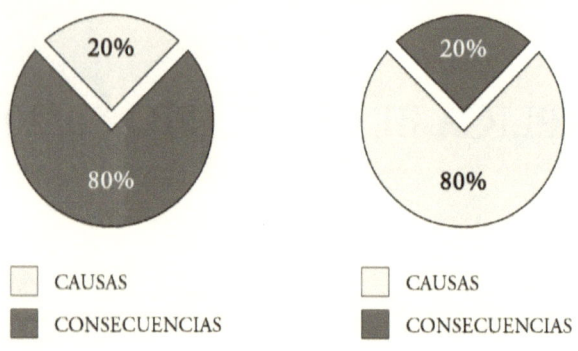

Para nuestros intereses, lo importante es saber que solo un 20% de nuestras acciones es responsable del 80% de nuestros resultados y se puede aplicar a todas las áreas de la vida. Lo que hay que preguntarse, según sea el caso, es lo siguiente:

- ¿Cuál es ese 20% de cosas que haces en tu trabajo y que te generan los mejores resultados?
- ¿Cuál es ese 20% de personas con las que te relacionas que te hacen sentir feliz, pleno y motivado?[23]
- ¿Qué tipo de prendas de tu guardarropa son las que utilizas más a menudo y con las que te sientes más cómodo?

CLAVE 3
APLICA EL PRINCIPIO 80/20

Sé que puedes estar un poco escéptico con este concepto del 80/20 y, ¿por qué lo sé? ¡Porque yo estaba igual de escéptico cuando lo escuché por primera vez! Lo que sucede es que pensamos en términos de promedios o de 50/50, que todo es equivalente, medimos el trabajo por volumen u horas trabajadas en vez de focalizarnos en resultados. De hecho, el principio 80/20 también se denomina principio de desigualdad y ya Jesús hablaba del mismo en sus tiempos, cuando dijo:

"Porque al que tiene, le será dado, y tendrá más. Pero al que no tiene, aun lo que tiene, le será quitado."[24]

¿Un poco fuerte? Mira, yo no inventé el principio así que no te enojes conmigo, mejor utilízalo a tu favor que te va a ser mucho más beneficioso que quejarte o enojarte.

A continuación, te voy a dar unos cuantos ejemplos de cómo el principio de Pareto se plasma en la realidad:

- Las ochenta y cinco personas más ricas del mundo tienen la misma riqueza que los 3.500 millones que ocupan la parte inferior.
- La mayor parte de la publicación de artículos científicos los publica un grupo muy reducido de investigadores.
- Tan solo una minúscula proporción de músicos produce la práctica totalidad de la música comercial que llega a grabarse.
- En Estados Unidos, se venden actualmente hasta un millón y medio de títulos distintos, pero solo quinientos de esos libros superan las cien mil copias.

- Solo cuatro compositores clásicos (Bach, Beethoven, Mozart y Tchaikovsky) escribieron casi toda la música que hoy tocan las orquestas modernas.[25]
- En las páginas de citas, las mujeres suspenden al 85% de los hombres en lo que a atractivo físico se refiere, recibiendo tan solo una minoría de ellos la amplia mayoría de las solicitudes de interés. ¿Tú creías que solo el interior era lo que importaba? Lamento decepcionarte, eso solo ocurre en las películas de Hollywood.

¿Te parece injusto el principio? Pues bueno, al principio le importa un comino tu opinión, y también la mía. ¿Por qué mejor no lo haces funcionar a tu favor? ¿Cómo? Detectando cuál es ese 20%, dedicándote en exclusiva al mismo, e ignorando el restante 80%.

Más de 300 millones de dólares aplicando el principio 80/20

Luego de 12 años fuera de la empresa, por fin Steve Jobs regresaba a Apple allá por 1997. En esa docena de años en ausencia de Jobs, Apple se había vuelto una empresa sumamente desorganizada, con una infinidad de productos mediocres fabricados solo para complacer los caprichos de los proveedores. ¿Qué hizo Jobs? Ir departamento por departamento dentro de la empresa haciendo preguntas acerca de los productos y, al cabo de tan solo una semana, ya había eliminado el 70% de ellos, hasta que no aguantó más. Se paró frente a los ejecutivos y trazó en una pizarra una matriz como esta:

CONSUMIDOR	PROFESIONAL
ESCRITORIO	PORTATIL

Y añadió que el trabajo consistía en crear cuatro grandes productos para cada cuadrante. *"(…) el resultado fue que los ingenieros y directores de Apple de pronto se centraron con gran intensidad en solamente cuatro áreas.*

Aquello significaba que la compañía iba a abandonar otras vías empresariales, como la producción de impresoras y servidores.

(…) Esta habilidad para concentrarse en lo fundamental fue la salvación de Apple. Durante el primer año tras su regreso, Jobs despidió a más de tres mil trabajadores (…) Tras dos años de inmensas pérdidas, Apple había acabado el trimestre con unos beneficios de 45 millones. Durante el año fiscal de 1998, acabó por lograr unas ganancias de 309 millones de dólares. Jobs había vuelto, y Apple también."[26]

¿Cómo puedo aplicar el principio?

Importante pregunta porque, ¿de qué sirve tanta teoría si no se aplica? De nada. Veamos algunas formas sencillas de llevar el principio 80/20 a la práctica.

Lo primero es, en lugar de hacer muchas cosas insignificantes, mejor hacer pocas cosas pero de mucho valor. ¿Cómo podemos saber si una tarea o actividad es de mucho valor? Por la *consecuencia*. Por ejemplo, si haces ejercicio físico regularmente, sin duda es una actividad de mucho valor porque de esta forma estarás cuidando algo tan primordial como tu salud, pero, si comes comida chatarra regularmente ocurrirá todo lo contrario. ¿Puedes ver donde radica el problema? Déjame que te explique: toda actividad de valor te resultará poco agradable en el corto plazo pero muy beneficiosas en el largo plazo, en tanto que toda actividad de poco valor será todo lo contrario; es decir, te ofrecerá una satisfacción inmediata pero en el largo plazo será muy perjudicial.

Supongamos que en tu actividad profesional tienes diez tareas por hacer en un día, para aplicar el principio 80/20 deberás elegir solo dos de ellas en función de la consecuencia que produzca su ejecución. No hay más.

Lo segundo que puedes poner en práctica es hacerte preguntas 80/20 para cada una de las áreas de tu vida que consideres importante:

- En el ámbito profesional, ¿cuáles son aquellas actividades que te generan la mayor parte de los resultados? ¿Qué habilidad o habilidades son las responsables de tu éxito?
- En tu nutrición, ¿cuáles son aquellos alimentos que aportan más nutrientes a tu cuerpo y que

mejor te hacen sentir? ¿Cuáles son aquellos alimentos con baja calidad nutricional, hipercalóricos y que solo te producen placer momentáneo?
- En tus amistades, ¿cuáles son aquellos amigos o amigas que mejor te hacen sentir, que te motivan a desarrollarte y ser mejor persona? ¿Cuáles te estancan, te hunden? ¿Cuáles tienen una actitud optimista de la vida? ¿Cuáles no?
- En tus entrenamientos, ¿cuáles son aquellos ejercicios o aquel deporte específico que mejores resultados te genera?

Lo tercero que puedes hacer y, por favor, préstame suma atención porque es verdaderamente importante: *para producir más, hay que consumir menos.* Vivimos en la Era de la Información, donde la misma fluye a raudales. ¿Y qué crees? ¡Es imposible consumir tanta! Es más, ante sobreabundancia de información no es difícil caer en lo que se conoce como «parálisis por análisis», un estado de tensión y paralización ante una cantidad de información excesiva que no somos capaces de digerir.

Y cuando digo producir no necesariamente quiere decir que tengas que fabricar algo, ya sea físico como un producto o intangible como un contenido o servicio. Me refiero también a todas esas cosas para las que dices no tener tiempo, como por ejemplo:

- Dices que no tienes tiempo para salir a pasear con tus hijos pero sí lo tienes para mirar tres capítulos de series cada noche en Netflix.

- Dices que no tienes tiempo para entrenar pero sí lo tienes para mirar tres horas diarias de televisión (encima programas de chimentos).
- Dices que no tienes tiempo para formarte y convertirte en una persona más culta, pero sí lo tienes para salir de borracheras con esos amigos mediocres que no tienen aspiración alguna en su vida.

No te engañes. Sí tienes tiempo, solo que lo malgastas.

Bien, ya te regañé demasiado. Pero no te preocupes... ¡te voy a seguir regañando!

Por último, algo muy práctico que puedes realizar es hacer dos listas, una para «cosas que tienes que hacer» y otra para «cosas que no tienes que hacer». Para ello, analiza uno de tus días típicos: tú ya sabes que haces cosas que no te benefician, que te quitan tiempo y que no te ayudan a cumplir con tus objetivos, cosas tales como chismorrear con tus compañeros de trabajo, navegar por internet al libre albedrío, o pasar horas en Instagram mirando la aparente fabulosa vida de los demás. Ese tipo de cosas debería ir en la lista de «cosas a no hacer».

Por otro lado, dentro de la lista de «cosas a hacer», deberían ir todas aquellas que tú sabes que tienes que hacer; hacer más deporte, comer a horarios, leer, formarte, nutrirte adecuadamente, etc.

Por favor, no te quedes cruzado de brazos. Aunque este ejercicio te parezca demasiado simple, te aseguro que es muy profundo, porque podrás ver por escrito todas aquellas cosas que sabes de sobra que tienes que dejar de hacer, así como todas aquellas cosas que también sabes que debes hacer. Ya lo dijo Steve Jobs: *"Decidir qué es lo que no se debe hacer es tan importante como decidir lo que se debe hacer (...)*"²⁷

¿Qué beneficios obtendré al aplicar el principio de Pareto?

Otra muy buena pregunta, si no, ¿para qué hacer tanto esfuerzo si no voy a obtener ninguna recompensa?

Si bien reconocer ese 80% que no nos trae grandes resultados no es sencillo, ya que lleva tiempo detectarlo, una vez lo hemos conseguido, podemos eliminarlo o delegarlo, liberando una enorme cantidad de tiempo (recuerde que ocupaba el 80% de su tiempo y esfuerzo) que ahora podrás aprovechar en cosas más productivas. Por ello, sin duda, el beneficio directo de aplicar el principio 80/20 es el aumento de la productividad sumado a la paz y tranquilidad de saber que estás dedicando tiempo a las cosas realmente importantes de tu vida.

Richard Koch, autor de los libros *El principio 80/20* y *El líder 80/20* dice que, al tomar decisiones 80/20, lograremos las siguientes ventajas:

- Nunca estaremos cortos de tiempo ya que, al solo centrarnos en unas pocas cosas, liberaremos una gran cantidad de tiempo que antes utilizábamos en actividades de poco valor.
- Haremos de nuestro trabajo algo más sencillo, divertido y relajado, tanto si trabajamos por cuenta ajena como por cuenta propia.
- Mejoraremos nuestra salud, ya que dedicaremos tiempo a cuidar la misma (haciendo deporte,

descansando bien y alimentándonos de manera saludable) por un lado y, por el otro, dejaremos las preocupaciones y los pendientes de lado, reduciendo los niveles de estrés.
- Mejorarán nuestras relaciones interpersonales, ya que dispondremos de un poco más de tiempo de calidad para compartir con las demás personas que forman parte de nuestra vida.

✱✱✱

Como habrás observado, ser más productivo - al contrario de lo que la mayoría piensa – no consiste en hacer más, sino menos. Esta es una de las dos piedras angulares de la productividad personal; en el próximo capítulo conoceremos la otra.

Clave 4
IMPONTE FECHAS LÍMITE

La complejidad de una tarea se expande según el tiempo disponible.

CYRIL NORTHCOTE PARKINSON

Ley de Parkinson

Cyril Northcote Parkinson fue un historiador naval británico autor de sesenta libros y determinó, allá por 1957, que una tarea se expande según el tiempo disponible para la misma. Si, por ejemplo, tenemos 8 horas de trabajo, trabajaremos exactamente 8 horas, pero, si en lugar de 8 fueran 15, pues trabajaríamos exactamente 15 horas. Lo más curioso de todo es que no aumentaríamos la productividad porque en el segundo caso, lo que haríamos sería simplemente rellenar las horas con trivialidades, dejando lo verdaderamente importante para el final. En tanto, si en lugar de 15 u 8 horas solo tendríamos 4 para realizar el trabajo, nos focalizaríamos solo en lo importante, ignoraríamos lo superfluo y terminaríamos el trabajo en aproximadamente… ¡4 horas!

Estoy seguro que no me crees ¿o me equivoco? Bien, voy a darte dos ejemplos, y de los buenos.

El primer ejemplo que quiero mencionarte es el de la empresa Microsoft. En 2019, este coloso tecnológico decidió llevar a cabo un experimento en su sede en Japón: la semana laboral se redujo de cinco a cuatro días, dejándoles el viernes libre a los trabajadores. ¿Sabes qué ocurrió? El sentido común te diría que se produjo menos ya que, en lugar de cinco días, solo se trabajaron cuatro, pero déjame decirte que ocurrió todo lo contrario: asombrosamente, los empleados trabajaron más y mejor con menos horas de trabajo y aumentaron un 40% la productividad en relación con el año anterior (2018). Además, de los 2.280 empleados de la empresa en la sede japonesa, un 92% dijeron estar contentos con trabajar cuatro días y descansar tres.[28]

«Bueno Nicolás, pero Microsoft es una gran empresa». Está bien, tienes razón. Por eso te dije que te iba a mencionar dos ejemplos. ¿Así de impaciente eres con su esposo/a? (Uff, pobre).

El segundo ejemplo es el de Antonio G.[29], un emprendedor y nómada digital creador del conocido blog inteligenciaviajera.com y de la actual Escuela de Nómadas Digitales (END). Antonio comenta en una entrevista[30] que se acordó de la Ley de Parkinson cuando le tocó hacer su tesis de graduación para – al igual que yo – recibirse de arquitecto. Él comenta que, por única vez en la carrera, le dejaban decidir la fecha de entrega y, como todo buen e ingenuo estudiante de arquitectura, decidió hacer un mega-proyecto de arquitectura y recibirse con honores[31]. Así, estuvo dos años trabajando en su tesis para graduarse de arquitecto… y luego dedicarse a otra cosa.

Si Antonio se hubiese autoimpuesto una fecha límite a seis meses muy posiblemente la hubiese terminado en ese lapso de tiempo.

Mitos sobre la eficacia

Muchas personas asocian el estar ocupadas o trabajar muchas horas con ser productivos, pero la mayoría de veces no significa lo mismo. Como vimos en el caso de Microsoft, se aumentó la productividad considerablemente trabajando menos cantidad de tiempo. Aquí te presento algunos mitos sobre la eficacia:

- Una tarea no se convierte en importante porque requiera mucho tiempo para hacerla.
- Hacer muy bien una tarea poco importante no la convierte en importante.
- Es muchísimo más importante lo que se hace que cómo se hace.
- Puede que seas una persona súper eficiente, pero no sirve de nada excepto que lo apliques en las cosas correctas.
- "Trabajar más horas y más duro es lo que le va a hacer triunfar" no es verdad. La realidad es que cómo enfoques y uses esas horas es lo que te acercará al éxito. Probablemente no tengas que usar tantas horas.[32]

- Atender cada detalle es lo que hace que realices una tarea con mejores resultados: tampoco es verdad. Hay que tener una visión de conjunto y enfocar solo los detalles importantes.[33]

Zona de eficacia

En cuanto a productividad se refiere, a la hora de encarar un proyecto, tarea o actividad pueden presentarse tres escenarios:

1. Que seas una persona «floja» y realices el trabajo con poca calidad;
2. Que seas una persona «perfeccionista» y realices el trabajo con muchísima calidad pero con un costo de tiempo muy alto;
3. Que seas una persona «eficiente» y realices un trabajo de calidad suficiente en un tiempo óptimo.

Como lo ves, en estos tres casos existe una relación diferente entre el tiempo empleado y el valor o resultado obtenido; en el primer caso, el tiempo empleado es muy bajo y el resultado de poca calidad; en el segundo caso, el resultado es muy bueno pero el tiempo empleado es muy alto; en cambio, en el tercer caso, el resultado es suficiente y el tiempo empleado también es suficiente pero no excesivo, siendo la relación tiempo/calidad óptima.

¿Cuál es la clave? Emplear un tiempo de trabajo *suficiente pero no excesivo* para lograr un resultado de buena calidad. En pocas palabras, estar en la zona de eficacia:

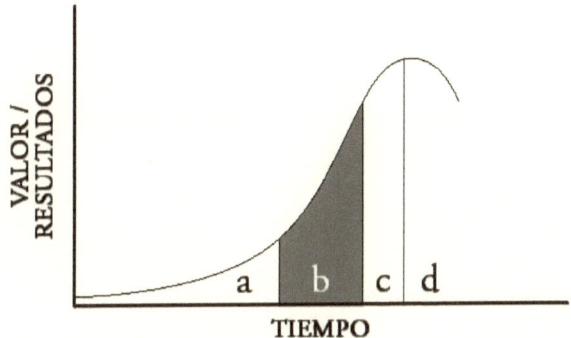

a: zona de deficencia o chapuza
b: zona de eficacia
c: zona de perfeccionismo
d: zona de despilfarro

¿Cómo aplicar la Ley de Parkinson?

Como te habrás percatado, lo que hay que hacer es acortar los tiempos de trabajo y autoimponerse una fecha límite, de modo de solo centrarte en lo importante e ignorar y eliminar lo trivial y superfluo. No obstante, debemos tener una dosis de realismo; no caer en el error de programarnos unos espacios de tiempo demasiado cortos porque no llegaremos a cumplirlos ni tampoco programarnos espacios de tiempo demasiado largos para no caer en el perfeccionismo.

Si, por ejemplo, tienes una lista de 10 metas profesionales al comienzo del año, evalúa las consecuencias de cada una de ellas y elige tan solo dos. Si las completas, puedes seguir con alguna otra de la lista según el nivel de importancia.

Lo ideal, tal como lo plantea Tim Ferriss[34], es usar la Ley de Parkinson junto con el principio de Pareto para sacar más cosas en menos tiempo;

1. Centrarse solo en las tareas importantes e ignorar el resto (Ley de Pareto).
2. Establecer tiempos de trabajo lo más cortos posibles (Ley de Parkinson).

En conclusión, acabas de conocer la segunda piedra angular de la productividad personal que, junto con la primera, pueden resumirse en el siguiente axioma:

«Hacer pocas cosas pero de mucho valor».

Clave 5

DISEÑA METAS Y OBJETIVOS CLAROS

La razón número uno por la que la mayoría de la gente no obtiene lo que quiere es que no sabe lo que quiere.

T. HARV EKER

Metas, objetivos y claridad

Podemos definir a una meta como un resultado concreto que queremos obtener o el lugar al que queremos llegar en un futuro, y a los objetivos como los pasos que debemos dar para conseguirlo.

Es importante que tengamos metas y objetivos para cada una de las áreas de nuestra vida, de modo que funcionen como faros que nos guíen en una determinada dirección. Además, el establecimiento de metas y objetivos nos ayuda a saber dónde nos encontramos o el punto de partida, dónde queremos llegar, los pasos que debemos dar y saber que efectivamente hemos llegado cuando lo hemos hecho.

Entonces, ¿para qué sirve una meta? "*Una meta efectiva (...) identifica el lugar en el que uno quiere estar, y mientras tanto ayuda a determinar dónde se encuentra uno. Proporciona información importante sobre cómo llegar, y nos dice que hemos llegado, cuando llega el momento. Unifica los esfuerzos y la energía. Otorga significado y propósito a todo lo que se hace. Y finalmente puede traducirse en actividades diarias, de modo que uno sea proactivo, esté a cargo de su propia vida, y día tras día logre que ocurran las cosas que le permitirán cumplir con su enunciado de la misión personal.*"[35]

Imagínate que quieres correr una maratón. El mero hecho de pensar en los 42 kms que componen la misma puede hacerte sentir abrumado pero, ¿qué tal si divides esa distancia en tramos más pequeños? Al fin y el cabo, es lo que hacen los maratonistas: estos deportistas saben que la competencia se divide en ciertas etapas con características distintivas y que deben surfear cada una de ellas para poder llegar al punto final. Pues lo mismo debes hacer tú cuando establezcas una meta en alguna área de tu vida.

De fundamental importancia resulta la claridad de la meta. Recuerda, ideas vagas dan resultados vagos, ideas específicas generan resultados específicos. Entonces, ¿cómo hacemos para otorgar claridad a una meta? Lo veremos a continuación.

Características de metas y objetivos

Existen distintas características deseables a la hora de establecer metas y objetivos en nuestra vida pero, para simplificar, hay dos en particular que harán que los mismos pasen de difusos a específicos. Solo tienes que recordar dos palabras: *cuánto* y *cuándo*:

- **Cuánto:** debes ser específico en cuanto a la cantidad que vas a establecer. No es lo mismo decir que quieres «bajar de peso» a decir que quieres «bajar 3 kgs de peso», como tampoco es lo mismo decir que «quieres más dinero» a decir que «quieres aumentar tus ingresos en un 30%», ¿lo ves?
- **Cuándo:** aquí pondremos a la ley de Parkinson a trabajar a nuestro favor. Tú quieres bajar 3 kgs de peso pero, ¿cuándo? ¿El mes que viene? ¿Dentro de dos meses? Debes definirlo, porque de no hacerlo, simplemente rellenarás el tiempo disponible tal como la mencionada ley lo explica.

Al establecer una cantidad específica de lo que quieres conseguir junto con un plazo preciso para obtenerlo, evitarás el error que la mayoría de personas comete al pensar que "un día" (¿cuándo?) conseguirán "ese algo" (¿cuánto?) que les falta. No obstante, existen también otras características importantes y deseables en las metas y objetivos:

- **Alineados a tu propósito de vida:** de nada sirve establecer metas y objetivos sin más, deben llevarte en una dirección correcta y clara, deben acercarte al lugar al que quieres llegar.
- **Realistas:** sí, realistas pero no conformistas. El objetivo debe ser lo suficientemente difícil como para retar tus límites y lo suficientemente alcanzable para no abrumarte; es en esta justa medida donde se llega a buen puerto.
- **Propia:** quiere decir que seas tú mismo quien la establezca, no tu familia o tus amigos, y que puedas cumplirla por ti mismo sin depender de otras personas. De lo contrario, tu meta estará condicionada por terceros.

Una última distinción importante que debo hacerte con respecto a las metas y objetivos es que también los hay de dos tipos: «de rendimiento» y «de resultado».

Te muestro un ejemplo. Supongamos que quieres comenzar a entrenar y mejorar tu salud física. Una meta de rendimiento puede ser ir tres veces a la semana al gimnasio, y una de resultado puede ser bajar 5 kgs de peso, aumentar 3 kgs de masa muscular o reducir en un 5% el porcentaje de grasa corporal. Ambas son importantes, ya que las de rendimiento te llevarán a cumplir las de resultado. No obstante, quiero hacerte una advertencia: que cumplas a rajatablas con tus metas de rendimiento no garantiza al 100% que llegues al resultado en todas las ocasiones, ya que existen diversos factores que escapan a nuestro control; siguiendo con el ejemplo, es muy difícil ordenarle a tu cuerpo cuánto porcentaje de grasa reducir así entrenes religiosamente y lleves una alimentación estricta. La buena noticia es que, si persistes y llevas a cabo tus metas de rendimiento con disciplina, los resultados en algún momento – más temprano que tarde - invariablemente van a llegar.

No desesperes, sigue trabajando. Antes de lo esperado, habrás llegado a la meta.

¿Cómo establecer metas y objetivos?

Para establecer metas y objetivos, primero deberás definir un área de tu vida en la que desees mejorar. El resultado que desees obtener en esa área será tu meta y los trozos en los que dividas la misma serán tus objetivos.

Sigamos con el ejemplo anterior. Tu meta es mejorar tu salud física, pero «mejorar tu salud física» es demasiado vago. Unas metas más específicas podrían ser:

1. Bajar 5 kgs de peso (cuánto) en tres meses (cuándo).
2. Realizar entrenamiento aeróbico de tres a cinco veces por semana.
3. Realizar entrenamiento anaeróbico dos veces por semana.

Ya tienes tus tres metas, ahora debes subdividirlas en pequeños objetivos. Siguiendo con el ejemplo:

1. Bajar 5 kgs de peso en tres meses:
   a) Concretar una cita con un profesional de la nutrición.
   b) Armado de una guía nutricional.

c) Comprar los alimentos saludables y eliminar los no saludables.
   d) Hacer pequeños ajustes en la dieta junto con la ayuda del profesional.

2. Realizar entrenamiento aeróbico:
   a) Salir a trotar 15 minutos los lunes, miércoles y viernes por las tardes.
   b) Usar las escaleras en vez del ascensor en el trabajo de lunes a viernes.
   c) Comprar una bici fija.

3. Realizar entrenamiento anaeróbico:
   a) Ir al gimnasio y hacer entrenamiento de fuerza los martes y jueves.
   b) Hacer ejercicios de estiramiento los sábados a la mañana.

¿Puedes verlo? No es tan complicado, simplemente se trata de elegir un área de tu vida y luego subdividirla en pequeños tramos precisos para poder conseguir los resultados que deseas. ¿Y luego?

¡Tomar acción!

No hay más.

Clave 6

PLANIFICA TU SEMANA

Un minuto de planificación ahorra diez de ejecución.

ALEX MACKENZIE

¿Qué es la planificación?

Si con tan solo leer el título del presente capítulo estás pensando que vas a tener que convertirte en una especie de Nostradamus o un chamán con poderes místicos para poder leer la bola de cristal, déjame decirte que no. Quédate tranquilo, relájate.

La planificación no tiene como fin predecir el futuro sino simplemente reducir la incertidumbre ante él; se trata de diseñar una serie de pasos en función de un objetivo u objetivos que nos conduzcan a conocer de antemano las actividades que debemos realizar para obtener un determinado resultado y, de este modo, evitar la divagación de no saber bien qué hacer en cada momento.

¿Por qué «planificación semanal»?

Tú te estarás preguntando por qué la planificación debe ser semanal y no mensual, diaria o anual. Bien, primero déjame decirte que también se pueden planificar espacios de tiempo más amplios como los mensuales, trimestrales, semestrales o anuales pero, si no tienes experiencia planificando, es mejor hacerlo con un espacio de tiempo mucho más acotado y abarcable para no sentirte abrumado. En tanto, si bien la planificación diaria no es mala, no nos deja demasiada perspectiva para ver un contexto más amplio que solo puede verse cuando lo contemplamos en el espectro de la semana.

Es más, una vez que planifiques tu semana puedes utilizar dicho diseño para programar lo que harás en cada uno de esos siete días con la seguridad de que ya te has tomado el tiempo necesario para definir los objetivos que debes cumplir en la semana. Es decir, ya has diseñado la serie de pasos y, cada día, diseñarás y ejecutarás en detalle cada uno de los mismos.

También es necesario mencionarte que la planificación semanal debe tener ciertas características:

- **Equilibrio:** no debes planificar solo el tiempo en el que trabajas sino también en el que descansas (que es igual de importante), el tiempo de ocio, el tiempo para cocinar, para limpiar y ordenar, inclusive para estar con tu pareja, familia o amigos.
- **Flexibilidad:** este diseño semanal es un esquema, no un sistema rígido que debes cumplir a rajatablas; es una estructura maleable que

puede torcerse o modificarse en función de lo que vaya ocurriendo en el trascurso de la semana.
- **Portátil:** es mejor que sea de pequeño tamaño, de modo de poder tenerlo a la vista constantemente, al alcance de la mano o que puedas transportarlo fácilmente si tienes que irte a algún lugar.
- **De baja tecnología:** si bien existen diferentes herramientas tecnológicas que te ayudan con esta tarea, no hay nada mejor que la sencillez del lápiz y el papel.

¿Cómo planifico mi semana?

Para planificar tu semana solo se necesita de dos pasos:

1. Establecer objetivos semanales.
2. Programar bloques de tiempo (timeblocking) para cumplirlos.

En el caso de los objetivos, lo ideal es que los mismos estén alineados con la meta u objetivos generales; es decir, que sean pequeños pasos de un mismo camino. Para ello, debemos conocer dos puntos: el punto de partida donde nos encontramos en el presente y el punto de llegada adonde aspiramos a estar en el futuro; una vez diseñado ese objetivo general, podemos trazar los micro-objetivos para poder cumplir ese propósito mayor.

Los objetivos semanales podrían ser los siguientes:

- Levantarme temprano (05 am) de lunes a viernes.
- Irme a dormir a un horario regular (11 pm).
- Trabajar de lunes a viernes de 07 am a 2 pm.
- Comer a horarios regulares (desayuno, almuerzo, merienda y cena).
- Salir a trotar los lunes, miércoles y viernes de 4 a 5 pm.
- Ir al gimnasio martes y jueves de 2 a 3 pm.
- Ir a la cita con la nutricionista el jueves a las 6 pm.
- Salir a cenar y al cine en pareja el viernes a las 9 pm.
- Asistir al cumpleaños de mi primo el sábado en la noche.
- Ir a misa el domingo a las 10 am.
- Planificar la semana subsiguiente el domingo en la tarde.

En tanto, el «timeblocking» es una técnica muy efectiva de programación que consiste, básicamente, en diseñar cada uno de los días con bloques o lapsos de tiempo para cada una de las actividades que queremos realizar, bloques que pueden ser de 30, 60, 90 o más minutos, según sea el caso.

Los bloques de tiempo dependen, además, del tipo de actividad que se va a desarrollar; no es lo mismo ir al gimnasio que ir a trabajar, tú no te pasas 8 horas en el gimnasio, así como tampoco solo 90 minutos en tu trabajo. Para simplificar, asígnale a las actividades que consideres más importantes bloques de tiempo más prolongados de al menos tres horas (con tiempos programados de descanso obviamente) y para las actividades menos

CLAVE 6
PLANIFICA TU SEMANA

demandantes lapsos de tiempo de entre 30 y 90 minutos.

A efectos prácticos, lo que puedes hacer es tomar una hoja A5 (o una hoja A4 y cortarla a la mitad) y, en uno de los lados escribir cuáles son tus objetivos para la semana, y en el otro lado, diseñar la semana y programar esos objetivos con bloques de tiempo para cada actividad.

Para un mejor orden puedes seguir esta serie de pasos para programar cada uno de los bloques de tiempo:

1. Lo primero que debes programar son los lapsos de tiempo en los que vas a dormir. Para ello, deberás determinar en qué horarios vas a levantarte y en cuáles te vas a ir a dormir. Trata de ser lo más regular posible, al menos de lunes a viernes, con una variación de no más de dos horas entre los días de semana y los del fin de semana.
2. Lo segundo que puedes programar son todas aquellas cosas fijas que tengas en cuanto a horarios se refiere; los horarios en los que trabajas, los que entrenas o cuando vas a clases.
3. También es importante que programes los tiempos para alimentarte, contemplando el tiempo que va a llevarte la preparación de cada comida como el tiempo que transcurra desde que te sientas a comer hasta que terminas de hacerlo.
4. Si tienes alguna cita importante en un horario específico como una visita al médico o un almuerzo con un cliente, también agéndalo. De este modo, es muy poco probable que lo olvides.

Los bloques de tiempo de los objetivos se verán de este modo:

HORA	LUNES	MARTES	MIÉRCOLES	JUEVES	VIERNES	SÁBADO	DOMINGO
00:00							
01:00							
02:00	Sueño	Sueño	Sueño	Sueño	Sueño	Sueño	
03:00							Sueño
04:00							
05:00	Desayuno	Desayuno	Desayuno	Desayuno	Desayuno	Desayuno	
06:00							
07:00							Desayuno
08:00							
09:00							
10:00	Trabajo	Trabajo	Trabajo	Trabajo	Trabajo		Misa
11:00							
12:00							
13:00							
14:00	Almuerzo	Gimnasio	Almuerzo	Gimnasio	Almuerzo		
15:00						Almuerzo	Almuerzo
16:00	Trotar	Almuerzo	Trotar	Almuerzo	Trotar		
17:00							
18:00	Merienda	Merienda	Merienda	Cita Nutric.	Merienda		
19:00				Merienda			
20:00							Planif. sem.
21:00	Cena	Cena	Cena	Cena			
22:00					Cena en pareja	Cumpleaños primo	
23:00	Sueño	Sueño	Sueño	Sueño			Sueño

Al principio, el proceso puede resultar un poco engorroso, pero, una vez que lo hagas con frecuencia, te resultará muy cómodo y hasta necesitarás hacerlo, ya que, si no, sentirás que pierdes el control.

¿Y qué día es mejor realizarlo? El conocido coach David Allen[36], famoso por desarrollar el sistema GTD (Getting Things Done), propone hacerlo el viernes en la tarde porque, dentro de la perspectiva laboral, uno todavía puede reunirse con sus compañeros de trabajo.

Por otro lado, autores de renombre como Stephen Covey[37] o Robin Sharma[38] proponen hacerlo el domingo. Yo también te recomiendo esto último, ya que como estamos hablando de productividad personal, no hace falta que le comentes o le consultes algo a tus compañeros de trabajo. Así que aparca tan solo treinta minutos cada domingo para diseñar qué harás los próximos siete días de la semana.

Beneficios de la planificación semanal

Continuando con el ejemplo, los beneficios que habrás obtenido al planificar tu semana serán algunos de los siguientes:

- **Sensación de control:** al tener claro qué debes hacer en cada momento, lo más probable es que no lo olvides y lo hagas y, al ver que haces lo que dices, obtendrás esa sensación de control de tu tiempo y su vida.
- **Mayor productividad:** por supuesto, al saber en todo momento qué es lo que tienes que hacer, evitarás divagar de actividad en actividad, distrayéndote con nimiedades o haciendo alguna actividad que internamente sabes que no deberías estar haciendo en ese momento.
- **Comer a horarios:** muchas personas se saltan las comidas, pasando muchas horas de ayuno sin quererlo y llegando a las comidas principales con

hambre acumulado, haciendo que la ingesta aumente. Después no andes diciendo que "se te achicó el cinturón".
- **Dormir mejor:** al tener una rutina y unos horarios fijos para dormir, evitarás irte tarde a la cama por mirar series, llegando al número de horas necesarias para sentirte fresco y descansado cada mañana cuando despiertes.

¿Qué esperas? Pon en práctica esta idea, te aseguro que, una vez que lo hagas, no podrás dejar de hacerlo, ya que es una sencilla pero poderosa herramienta de productividad.

Clave 7

UNA SOLA COSA A LA VEZ

Si tienes un ojo puesto en el destino que esperas alcanzar, solo te queda el otro para que te guíe en el viaje.

ROBIN SHARMA

El poder del enfoque

Imagina una lupa.
¿Ya está?
Bien, ahora imagina un papel.
¿Listo?
Ahora supón que te digo que con solo estos dos elementos tienes que hacer fuego, ¿Qué harías?

Dirigir los rayos del sol a través de la lupa y enfocarlos en un solo punto del papel sin moverlo, ¿no es así?

«Pero, Nicolás, eso es una obviedad, creo que ya lo había aprendido en la salita verde del jardín». ¿Ah sí? Entonces, ¿por qué sigues intentando hacer múltiples actividades al mismo tiempo sabiendo que no da buenos resultados?[39] Créeme, muchas veces más importante que aprender es *desaprender*.

Volviendo al ejemplo de la lupa, ¿qué hubiese pasado si en vez de enfocarte en un solo punto movieses la lupa de un lado a otro? Simplemente, nunca hubieses podido provocar fuego en el papel. Y lo mismo sucede cuando hablamos de productividad: enfocarnos en una sola tarea, actividad o proyecto genera buenos resultados, intentar hacer múltiples tareas al mismo tiempo, no.

Recuerdo cuando estudiaba en la universidad[40]. Cuando llegaban las fechas de exámenes, muchos compañeros cometían el mismo error: querían rendir varias materias en un mismo turno. Grueso error. La mayoría de las veces y, salvo que uno sea un genio, no se llega a buen puerto.

¿Qué hacía yo? Lo contrario, en vez de enfocarme en varias materias, solo estudiaba para una de ellas y, si me quedaba tiempo (cosa que casi nunca sucedía), recién allí me enfocaba en otra. De este modo, lograba casi siempre aprobar una materia con éxito. ¿Y mis compañeros? Pues ellos rendían tres materias... y reprobaban exactamente las mismas tres.

Evita la multitarea

Como ya te mencioné, aunque resulte contraintuitivo, para ser más productivo no hay que hacer más sino menos y, para hacer menos, es indispensable que solo nos

CLAVE 7
UNA SOLA COSA A LA VEZ

concentremos en una cosa por vez, y luego de terminada ésta, recién allí continuemos con la siguiente, y así sucesivamente.

Aunque hacer muchas cosas a la vez pueda parecer muy productivo en el corto plazo, lo cierto es que en el largo plazo no lo es; de hecho, es todo lo contrario. Mejor concéntrate en una sola cosa y verás cómo avanzas mucho más rápido. Además, y por si fuera poco, disfrutarás más de esa actividad.

Como a esta altura ya sé que eres una persona escéptica que no se traga cualquier cuento, lo que me parece genial, quiero invitarte a que veas el siguiente gráfico[41]:

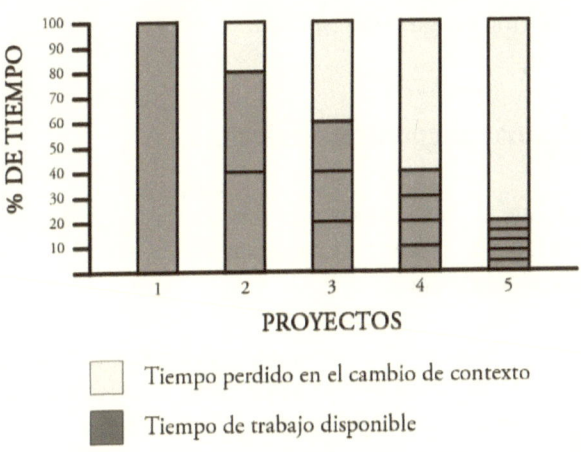

Fíjate. Por un lado (en el eje Y) aparece el tiempo en porcentaje y por el otro (en el eje X) el número de proyectos. Es normal que uno piense que puede dedicarle el 100% de energía y enfoque a varios proyectos en simultáneo, pero la evidencia sugiere lo contrario: a medida que agregamos más tareas, actividades o proyectos en nuestra vida, la cantidad de energía y recursos que podemos dedicarle a cada uno va mermando de manera exponencial, ya que es en el cambio de contexto donde se pierde mucho tiempo. ¿Por qué? Porque cuando una persona se encuentra realizando un proyecto y luego salta a otro, el enfoque no es inmediato sino que se requiere de un cierto lapso de tiempo para concentrarse en la tarea y entrar en lo que se denomina «flow» o «fluir»; es decir, ese estado de atención en el que las cosas fluyen sin esfuerzo como el agua de un río.[42]

Entonces, la pregunta por antonomasia es:

¿Qué prefieres: hacer tan solo el 5% de cinco proyectos o el 100% de uno solo?

Ya me imagino tu respuesta.

Algunas sugerencias prácticas

Aunque el concepto de una sola cosa a la vez es muy sencillo, voy a ofrecerte unas cuantas ideas para que puedas poner en práctica.

- **Trabaja o descansa, pero no las dos al mismo tiempo:** ya lo dijo Jim Rohn: *"Cuando le toque trabajar, trabaje; cuando quiera divertirse, diviértase. Mezclar ambas cosas no suele dar resultados. Lo único que conseguirá es engañarse a sí mismo con las dos."*[43] Es así de sencillo, debes reservar momentos para el trabajo y momentos para el descanso, y no descansar mientras trabajas ni trabajar mientras descansas. De este modo, disfrutarás de un trabajo terminado y del placer de dedicarte solo al ocio sin ningún tipo de pendiente.

- **Selecciona la tarea más importante:** es importante que planifiques tu día la noche anterior o a primera hora del día propiamente dicho. Cuando lo hagas y notes que tienes múltiples actividades por hacer, debes preguntarte cuál es la más importante, ¿y cómo lo haces? Averiguando cuál es la consecuencia de dicha tarea o actividad. Pregúntate: «de estas cinco tareas que tengo que hacer este día ¿cuál es la que más me acercará a mis objetivos?». Una vez la tengas identificada, utiliza el siguiente tip.
- **Enfoque total:** ahora que ya tienes identificada la actividad de más alto valor, la más importante, la que más te acercará a tus objetivos, debes dedicarle plena atención a la misma, tal como la lupa que mencioné a principio del capítulo. Es importante que solo te dediques a esa actividad, elimines las interrupciones y/o distracciones y, una vez la termines – si es que lo haces –, recién allí puedes comenzar con la siguiente actividad. No cometas el error de dejarla a medias porque todos los pendientes generan mucho ruido mental, tensión y estrés que, lamentablemente, harán disminuir tus niveles de productividad.

Clave 8

EVITA LOS LADRONES DE TIEMPO

El tiempo es más valioso que el dinero. Usted puede conseguir más dinero, pero no más tiempo.

JIM ROHN

Ladrones de tiempo

Un ladrón de tiempo es eso, cualquier cosa – actitud, persona o dispositivo - que te robe tu preciado tiempo. También podemos referirnos a ellos como interrupciones y/o distracciones.

No pretendo que te conviertas en un «erudito» de la productividad sino simplemente que apliques sus principios para mejorar tu vida. No obstante, puedo decirte que podemos dividir a los ladrones de tiempo en tres grupos:

1. **Personales:** son todos aquellos aspectos o características tuyas que te impiden ser productivo o cumplir con tus compromisos, tales como la falta de concentración, la impuntualidad, la improvisación o la carencia de metas y objetivos, inclusive de dirección y claridad en tu vida. Fíjate que son todos adjetivos que definen a personas totalmente opuestas a las productivas.
2. **Interpersonales:** aquí ya entran en juego todos aquellos aspectos que tienen que ver con tu relación con otras personas, tales como las reuniones en su trabajo, la falta o fallas en la delegación o esos "amigos" que te visitan sin previo aviso.
3. **Tecnológicas:** como su nombre lo dice, son todas aquellas distracciones que tienen como medio un dispositivo tecnológico, llámese televisión, teléfono, redes sociales, internet, etc. ¿Qué tienen en común? Que lo único que quieren de ti es tu atención.

¿Qué sucede cuando todo el tiempo estamos sujetos a los ladrones de tiempo? Lógicamente, no tenemos tiempo, o mejor dicho, *creemos* que no tenemos tiempo. Pero sí lo tenemos, el problema es que lo administramos mal interrumpiendo nuestros periodos de trabajo a cada momento, haciendo que cada tarea, actividad o proyecto se dilate constantemente.

Y la cosa no queda solo ahí, sino que sucumbir a los ladrones de tiempo nos provoca una serie de consecuencias negativas, tales como:

CLAVE 8
EVITA LOS LADRONES DE TIEMPO

- **Sentimientos desagradables:** tensión, estrés y sentir que no avanzamos en lo que nos proponemos por mencionar solo algunos. La buena noticia es que está en nuestras manos poder revertirlo.
- **Progresiva pereza:** todos los ladrones de tiempo mencionados, pero sobre todos los que tienen que ver con el uso de la tecnología y de internet, además de que compiten por tu atención, tienen una clara intención común: hacerte adicto, ¿para qué? Para que sigas y sigas consumiendo, haciendo ricos a otros en vez de trabajar en tu propia persona. Estos ladrones de tiempo, llámese Netflix, Facebook, Instagram, Tik Tok, saben que el cerebro humano se hace adicto a la dopamina, y eso es lo que hacen: te la ofrecen a raudales, a través de estímulo tras estímulo, uno tras otro, volviéndote adicto y, a la vez, perezoso.[44]
- **Te aleja de tus objetivos:** para que tú cumplas con sus objetivos ¡tienes que dedicarle energía a ellos! Pero, si la estás perdiendo o te la están robando estos "ladrones", es normal que no la tengas y te alejes cada vez más de tus metas. No regales tu tiempo, no regales tu energía, mejor destínala a cumplir tus sueños.

Podríamos nombrar más, pero estas son más que suficientes. Mas no te preocupes, ahora vamos a ver lo más importante: qué podemos hacer al respecto.

¿Cómo combatir los ladrones de tiempo?

Ahora vamos a ver una serie de medidas que podemos tomar para combatir a estos ladrones de tiempo y recuperar nuestro tiempo y energía. A efectos prácticos, continuaremos con el mismo orden en que fueron presentados.

Cómo combatir a los ladrones de tiempo personales:

- **Ordena tu entorno de trabajo:** si tu oficina es un completo desorden, es normal que tengas dificultades para concentrarte y ponerte a trabajar, por ello debes ordenarte. No hace falta que ralle el trastorno obsesivo compulsivo, sino simplemente que cada cosa tenga un lugar y que, cuando saques un objeto de un sitio, lo vuelvas a guardar exactamente en el mismo una vez termines de usarlo. También es importante que ordenes tu escritorio, para ello basta con tener el menor número posible de cosas sobre el mismo. Y un archivo alfabetizado no estaría mal, de modo que cuando tengas algún documento, en vez de amontonarlo en tu escritorio, puedas guardarlo ordenadamente en una carpeta correctamente rotulada. Una vez que ordenes tu escritorio, haz lo mismo con tu oficina, con tu dormitorio, con tu casa… ¡con tu vida!
- **Planifica tu jornada:** planificar es lo contrario de improvisar. Si tú planificas tu semana tal como vimos en el capítulo 6 y, a partir de allí, planificas tus días con una lista de tareas, esa misma estructura que te habrás creado hará que no divagues y sepas qué tienes que hacer en todo

momento. Pasarás del «¿y ahora qué hago?» al «ahora tengo que hacer X, y cuando termine X tengo que hacer Y». En síntesis, sabrás cuál es el próximo paso.
- **Agrupa tareas similares:** ¿tienes que enviar varios mails? ¿Qué tal si en lugar de enviar uno a uno cuando tienes un blanco, mejor te tomas una hora al mediodía y los envías todos juntos? Si así lo haces, ahorrarás mucho tiempo, ya que no andarás saltando de actividad en actividad, con las correspondientes pérdidas de tiempo que eso conlleva. Lo mismo aplica para otras actividades tales como llamadas o tareas administrativas.

Cómo combatir los ladrones de tiempo interpersonales:

- **Programa las reuniones:** si tú eres quien organiza la reunión, debes programarla y definir los objetivos de la misma; es decir, por qué van a reunirse y, sobre todo, definir la duración de la reunión, estableciendo un horario de comienzo y de finalización de la misma.[45]
- **Da a conocer tus horarios:** debes hacerle saber a las personas en qué momentos te encuentras trabajando y también descansando; es decir, debes dejar claro en qué horarios estás disponible y en cuáles no. Al principio puede ser un poco incómodo poner límites a los demás, pero, con el tiempo, lo irás internalizando y verás cómo, poco

a poco, las personas empiezan a respetar tus tiempos. Porque, en realidad, si tú no valora tu tiempo, tampoco lo harán los demás.
- **Aprende a decir «no»:** debes comenzar a usar este vocablo, siempre de manera amable y sincera, no hace falta ser irrespetuoso; di SÍ a las cosas importantes de tu vida, a aquellas que te hagan avanzar en el cumplimiento de tus objetivos, y di NO a aquellas que no son importantes, aquellas que solo te alejan de tus sueños.

Cómo combatir los ladrones de tiempo tecnológicos:

- **Establece un horario y límite de tiempo:** si eres de las personas que se la pasa navegando sin rumbo por internet constantemente, debes poner un alto a esta situación. Ve reduciendo poco a poco el tiempo que pasas en la red; puedes comenzar con navegar solo una hora por día y luego ir disminuyendo ese lapso de tiempo.
- **Desinstala todas las notificaciones de tu teléfono móvil:** al no escuchar el pitido de tu móvil, no te levantarás a ver quién te ha enviado un mensaje, quién te dio un "me gusta" en Facebook o Instagram o quien envío un estúpido video en algún grupo de Whatsapp. Ingenuamente creemos que todas estas cosas son importantes pero no lo son en absoluto, de modo que ¿por qué no mejor eliminarlas?
- **Evalúa tus suscripciones a blogs o canales de YouTube:** si tu trabajo no consiste en leer blogs o estar suscrito a infinidad de canales de

YouTube ¿para qué lo haces? ¿Por mero entretenimiento? Evalúa si realmente te son de utilidad estos medios (generalmente no), elimina todos aquellos que no te sirvan y quédate solo con los que te sean de ayuda.[46]

Y hasta aquí los ladrones de tiempo. Por supuesto hay muchos más, pero este es un pantallazo con el que podrás detectarlos y comenzar a combatirlos, recuperando en la victoria el tiempo que estos ladrones te han estado robando.

Clave 9
NO PROCRASTINES

Las cosas más importantes nunca son cómodas.

TIMOTHY FERRISS

La postergación

La postergación, o más conocida como «procrastinación», es el hecho de dejar las cosas para mañana, un mañana que, por lo general, se convierte en nunca. «Pro» quiere decir hacia adelante y «crastinus» hace referencia al futuro; es decir, dejar las cosas para después.

Asimismo, existen dos tipos de procrastinación; la eventual y la crónica. La primera no tiene muchas consecuencias ya que, como lo indica la palabra, sucede a veces, eventualmente. La segunda, en cambio, resulta pésima, dado que poco a poco se convierte en inacción y, como afirmó el genio de Isaac Newton: "*a toda acción le corresponde una reacción de igual intensidad y sentido contrario*". Es decir que lo mismo aplica a la inversa; ante ausencia de acción hay ausencia de reacción. En síntesis, si procrastinas y no tomas acción tus resultados serán igual a cero.

Pero, en última instancia, el hecho de que posterguemos lo que sabemos que tenemos que hacer tiene origen en una falta de autocontrol en nosotros mismos, falta motivada, a su vez, por muchas de las distracciones y ladrones de tiempo como los que vimos en el capítulo anterior.

Motivos por los cuales procrastinamos

Si la procrastinación es un tema serio, un rival duro de derrotar, entonces, debe haber una buena razón para que así sea. Y la hay, y tiene que ver más que nada con una cuestión evolutiva. ¿Cómo? Me explico. La finalidad básica de nuestros ancestros era la de conservar la vida, por tanto, para cumplir con dicha tarea nuestro cerebro fue diseñado únicamente para conservar energía y sobrevivir. Pero fíjate que dije sobrevivir, no prosperar. En otras palabras, tu cerebro hará lo que sea para conservar energía la mayor cantidad de tiempo posible, evitando que hagas cualquier tipo de actividad que percibas como demasiado pesada o difícil de hacer. En pocas palabras, somos esclavos de nuestro cerebro perezoso.

Pero también existen otros motivos. Por lo general, ¿cuándo aparece la procrastinación? Cuando debemos enfrentarnos a situaciones que nos provoquen miedo o la posibilidad de ser rechazados o de fracasar. Entonces, para evitar estas situaciones ¿qué nos disponemos a hacer? Pues cosas mucho más sencillas y agradables, cosas que nos provocan una gratificación instantánea, tal como engullirnos una abundante porción de pastel en vez de meternos una hora en el gimnasio. La procrastinación se convierte así en una sutil forma de evasión.

Por último, también nos veremos muy tentados a procrastinar cuando tengamos delante una actividad, meta o proyecto que percibamos como demasiado grande. Supongamos que quieres escribir un libro; el mero hecho de pensar en el libro completo puede hacerte sentir abrumado pero, ¿qué tal si comienzas solo con el índice? ¿Y si luego te centras en un solo capítulo? ¿O si solo te propone escribir mil palabras por día? Escribir mil palabras al día es mucho más asequible para nuestra mente que escribir un libro entero.

Consecuencias de procrastinar

Ya te dije que el hecho de evitar hacer una cosa difícil y, en su lugar, hacer una más fácil, nos provocará una satisfacción inmediata. El problema es que esa satisfacción inmediata es efímera. Imagina el hecho de comer comida chatarra todos los días durante un año; la comida chatarra – no lo vamos a negar – sabe deliciosa, pero, luego de un año de semejante ingesta, nuestra salud se verá bastante perjudicada. Por el contrario, imagina el hecho de comer alimentos saludables durante todo un año; los alimentos saludables no son tan sabrosos, pero, al cabo de un año, tu salud será diametralmente opuesta al caso anterior, ¿puedes verlo?

Retrasar la gratificación instantánea es una de las herramientas más poderosas de nuestro arsenal; de hecho, el mundialmente conocido Dr. Daniel Goleman afirmó que *"Tal vez no existe herramienta psicológica más importante que la de resistir el impulso. Es la raíz de todo autocontrol emocional (...)"*.[47]

Lo que estoy intentando decirte es una de esas verdades dolorosas de la vida por un lado, pero liberadoras y potenciadoras, por otro. Es una de las grandes paradojas de la vida:

Si quieres que tu vida sea fácil dedícate a hacer solo las cosas difíciles.
Pero si quieres que tu vida sea difícil, dedícate a hacer solo las cosas fáciles.

¿Qué es más fácil? ¿Entrenar y alimentarse de manera saludable día a día o estar echado en el sofá comiendo porquerías? Lo segundo, ¿no? Pero, y esto es lo más importante, en el largo plazo ¿cuál de las dos te va a generar los mejores resultados?

Espero haberte advertido ya sobre las consecuencias de hacer de la procrastinación un hábito pero, por si fuera poco, te presento algunas consecuencias más (todas negativas):

- **Enorme ansiedad:** los plazos de entrega se aproximan y tú ni siquiera has comenzado ese proyecto, ¿crees que te vas a sentir feliz y relajado? ¡No! ¡Todo lo contrario! Solo puedes sentirte feliz y relajado si ves que avanzas y que cuentas con cierta holgura para concluir ese proyecto; de lo

contrario, lo único que te espera es sentirte muy ansioso.
- **Cero resultados:** como te dije, sin acción no hay reacción, sin trabajo no hay recompensa... si no haces nada ¡no obtendrás nada! Es así de sencillo. No podrás tener el cuerpo de tus sueños si no entrenas y te alimentas bien; no podrás tener la casa de tus sueños si no trabajas duro; no aprenderás ese nuevo idioma si no lo estudias y lo practicas. Te lo vuelvo a decir: sin acción no hay reacción.
- **Convertirte en un no-hacedor, crítico o espectador:** ¿has observado que las personas más exitosas no suelen andar criticando a los demás? ¿Sabes por qué? ¡Porque no tienen tiempo para ello! Están tan ocupadas que ni siquiera les queda un momento para hacerlo y, de tenerlo, lo emplearían en seguir mejorando sus vidas. En cambio, ¿quiénes son las personas que más critican a las demás? Pues sí, aquellas que no tienen mucho que hacer en sus vidas más que acomodarse en las gradas a ver (como espectadores) cómo los demás (los verdaderos hacedores) juegan el juego de la vida. No seas esa persona, mejor únete al campo de juego de los hacedores. Créeme, te lo pasarás mucho mejor, avanzarás en el camino y te sentirás feliz de hacerlo. Ah, y también serás criticado por los espectadores.

«Nicolás, me has regañado mucho en este capítulo, me voy a mirar una serie en Netflix». No, no, espera, espera. Ahora vamos con las soluciones. Solo quería mostrarte un panorama de los perjuicios que se desprenden del mal hábito de la postergación. Aunque te hago una advertencia: en el fondo, para vencer la procrastinación, hay que hacer lo opuesto, es decir, tomar acción. No esperes fórmulas mágicas porque no las hay. Lo que hay que hacer es mantenerse siempre en movimiento, tal como dijo Thomas Jefferson: *"decide no estar nunca ocioso. Nadie tendrá ocasión de quejarse de la falta de tiempo, si no pierde ninguno. Es maravilloso lo mucho que se puede hacer, si siempre estamos haciendo algo"*.

Soluciones a la procrastinación

Si bien las soluciones se basan en la toma de acción masiva, podemos servirnos de algunas de estas simples estrategias para vencer a este duro rival:

- **Solo 10 minutos:** imagina que quieres entrenar, ya sea en el gimnasio o en un lugar al aire libre. Bien, lo que debes hacer es simplemente realizar esa actividad con el objetivo en mente de hacerla tan solo por diez minutos, pero debes estar mentalizado de ello porque, de lo contrario, tu mente percibirá dicha actividad como muy pesada y abrumadora. Entonces, una vez que ya hayas realizado los diez minutos de dicha actividad, encontrarás que los minutos restantes te serán mucho más sencillos, porque habrás vencido la inercia inicial que todos sentimos al comenzar una actividad.
- **Primero lo más difícil:** en su libro *¡Tráguese ese sapo!* Brian Tracy nos propone la idea de que la

primera actividad que hagamos al comenzar el día debe ser la más difícil. ¿Por qué? Pues porque, por un lado, al iniciar el día tendremos el 100% de nuestra energía disponible para afrontarla y, por el otro, porque una vez concluida dicha tarea, el resto será cuesta abajo. De modo que, al iniciar tu día, comienza por la tarea más difícil, la que más tiempo y energía van a consumirte; en pocas palabras: ¡trágate ese sapo!

- **Divide y vencerás:** ya lo habías escuchado, ¿no? Pero, ¿alguna vez lo has aplicado? Si no es el caso, este es un excelente momento para hacerlo. Ya te mencioné el ejemplo de escribir un libro pero ¿qué tal si lo que tú quieres, en lugar de escribir, es adquirir el hábito de leer un libro a la semana? Ya de pensarlo resulta abrumador. Entonces divídelo: en vez de leer un libro a la semana comienza con uno al mes, luego con dos al mes y, muy pronto, ya te será sencillo el hecho de leer un libro a la semana y habrás incorporado este importante hábito a su vida.

Y hasta aquí con la procrastinación. Espero pongas en práctica alguna de las ideas que te he mencionado. Ya sabes, la única manera de no procrastinar es tomar acción masiva y mantenerse siempre en movimiento.

Clave 10

MADRUGA

Es bueno levantarse antes del amanecer, porque tales hábitos contribuyen a la salud, riqueza y sabiduría.

ARISTÓTELES

¿Por qué madrugar?

Para qué levantarse temprano? ¿Qué sentido tiene? ¿No es mejor dormir un poquito más y quedarse dentro de la calentita cama?
¿Son las de arriba las preguntas que te estás haciendo?

Bien, déjame decirte tan solo una cosa; la gran mayoría de personas exitosas del mundo - de la historia y de la actualidad - han tenido y tienen algo en común: madrugar.

Y hablando de ello, si algo tienen en común las personas de éxito es lo que ya dijo Albert E. N. Gray en su libro *El común denominador del éxito*.

"Las personas exitosas trabajan en crear el hábito de hacer las cosas que a quienes fracasan no les gusta hacer"

Y no es que necesariamente les gusten hacer ese tipo de cosas, sino que simplemente lo que tienen que hacer está supeditado a sus sueños y propósitos, no a sus estados de ánimo o emocionales. En otras palabras, hacen lo que haya que hacerse sin importar si tienen ganas o no de hacerlo: eso se llama disciplina.

No te miento, muchos virtuosos eran madrugadores:

- Thomas Jefferson (5:00 am).
- Wolfang Amadeus Mozart (5:00 am).
- Steve Jobs (6:00 am).
- Nelson Mandela (5:00 am).
- Dwayne *la Roca* Johnson (4:00 am).
- Ernest Hemingway (5:00 am).
- Etc.

Además, el diseño y construcción de una rutina matinal de éxito fortalecerá tu carácter, ya que te obligará a desarrollar la autodisciplina y el autocontrol. Levantarse temprano es difícil, sobre todo al principio; la tentación de seguir durmiendo o dejarlo para mañana es grande. No obstante, si pese a estas tentaciones logras hacerlo, tu músculo de la autodisciplina se hará más fuerte y comenzará a crecer, al igual que tu poder de autocontrol.

Pero madrugar tiene aún más ventajas. Una de ellas es que podrás aprovechar las horas más tranquilas del día, ya que no habrá casi ningún tipo de interrupción:

recuerda, el 99% de personas estará durmiendo. Durmiendo mientras tú, que eres diferente, te encontrarás trabajando en su persona, ya sea a nivel físico, mental o espiritual.

Por último, otra ventaja añadida es la de comenzar el día con una victoria. Recuerda que, generalmente, cómo empieces tu día dictaminará cómo lo termines; es decir que, si comienzas un día victorioso, victorioso lo terminarás. Una mañana victoriosa generará un día victorioso; un día victorioso generará una semana victoriosa; las semanas victoriosas años victoriosos y, si sigues así, tendrás una vida victoriosa.

¿Cómo madrugar?

Te lo vuelvo a decir: madrugar es difícil. Y es difícil porque es un hábito. Un hábito es como una fórmula que tu cerebro sigue para, ¿qué crees? Para conservar energía. Una vez que un hábito se crea, es muy difícil romperlo, ya sea uno bueno o uno malo.

Un hábito consta básicamente de 4 partes o eslabones bien diferenciados[48]:

1. **Alarma o detonante:** es cualquier circunstancia que, como la palabra lo dice, detona el hábito en sí.
2. **Rutina:** es el hábito propiamente dicho.
3. **Recompensa:** es el premio que nos otorga nuestro cerebro por la realización del hábito.

4. **Repetición:** es el hacer una y otra vez la misma acción hasta que se transforme en un comportamiento automático, es decir, en un hábito.

Siguiendo con el ejemplo de madrugar, el detonante puede ser la alarma del despertador, la rutina el hacer ejercicio, la recompensa un buen desayuno y la repetición el acto de llevar a cabo la misma rutina día tras día.

Pero, volviendo al tema de cómo podemos hacer para madrugar, quiero ofrecerte unas cuantas ideas para que pongas en práctica:

- **Ten un propósito:** ¿por qué vas a tomarte el duro de trabajo de madrugar? Esa es la pregunta que debes responder. ¿Vas a madrugar para hacer ejercicio y ponerte en forma? ¿Vas a madrugar para poder terminar esa carrera universitaria? ¿Vas a madrugar para poder mantener tu jardín? En fin ¿para qué vas a madrugar? Defínelo y tenlo siempre presente. Te será de gran ayuda.
- **Acuéstate temprano:** si quieres madrugar, vigila la hora a la que te vas a dormir. Si te quedas hasta tarde mirando la televisión no podrás madrugar, de modo que, primero construye el hábito de acostarte temprano para que luego te sea más sencillo construir el de levantarte temprano.
- **De a 5 minutos:** una vez que hayas logrado irte a la cama temprano en la noche, en vez de querer levantarte a las 5 am de un tirón, mejor ve reduciendo el horario de su alarma en 5 minutos. De esta manera, podrás hacerlo progresivamente y no te costará tanto, además de que será sostenible en el mediano y largo plazo.

- **Periodo de adaptación:** ten en cuenta que, como todo hábito, a tu cuerpo le costará un cierto lapso de tiempo acostumbrarse a dicha rutina. ¿Qué cuánto tiempo? Algunos sugieren 21 días pero las últimas investigaciones[49] afirman que la consolidación de un hábito se lleva a cabo luego de pasados 66 días. Igualmente, los plazos varían de persona a persona.

¿Qué hacer luego?

Claro, con solo madrugar no alcanza. ¿Qué sentido tiene levantarse al alba para luego echarse a mirar películas? No, la idea es que te despiertes para realizar actividades que te hagan crecer como persona. La idea es levantarse al alba para trabajar en ti mismo, no para holgazanear.

Entonces, ¿qué podemos hacer? Lo que te propongo es que dividas tu rutina matinal en tres bloques:

1. Ejercicio físico.
2. Relajación.
3. Crecimiento personal y/o profesional.

Entonces, lo primero que te sugiero es que hagas actividad física. Y quiero hacerte una aclaración: no es negociable. ¿Qué quiero decir? Que existe una enorme diferencia entre madrugar y hacer deporte y madrugar y no hacerlo, abismal diferencia.

Hacer deporte en la mañana obrará maravillas en ti; habrás cuidado tu salud a primera hora de la mañana y la actividad física te recargará de energía, además de generar una alquimia en tu cerebro, siendo capaz de procesar la información mucho más rápido. También te sentirás sumamente relajado y con la plena satisfacción de haber cumplido con un desafío que te hará crecer como persona.

Luego de la actividad física y la correspondiente ducha (quiero imaginarme que después de hacer deporte te bañas), estarás más suave que una seda y, para aprovechar dicho estado, no hay mejor cosa que realizar actividades de relajación: pueden ser ejercicios de estiramiento o de yoga, respiraciones profundas, orar o, simplemente, meditar. Estas actividades relajarán tu cuerpo luego del deporte, a la vez que tu mente al reducir la frecuencia vibratoria de sus ondas cerebrales. Esto no es nada místico sino simples – o más bien complejos - procesos físicos y químicos del cuerpo humano.

Por último, pero no por ello menos importante, el tercer bloque de actividad que te sugiero que realices (luego de la actividad física y el relajamiento) es el de crecimiento, ya sea nivel personal o profesional. Para ello, basta con leer un libro, escuchar un podcast o un audiolibro, ver algún video de algún virtuoso en su disciplina, revisar tus notas, planificar tu día o establecer los objetivos del mismo. En fin, cualquier cosa que aumente tu valor personal o profesional, cualquier cosa que represente un aprendizaje, cualquier cosa que aumente tu conocimiento y te permita liderar el nicho o mercado en el que te mueves.

CLAVE 10
MADRUGA

Y hasta aquí con el poderoso hábito de madrugar. Por favor, si tendría que recomendarte tan solo un hábito o clave de este libro para comenzar, sería sin duda madrugar. Hace poco más de un año que lo puse en práctica y, sinceramente, me hubiese gustado hacerlo al menos una década atrás. Si tú tienes los 20 años que yo tuve hace 10, por favor, no desperdicies esta oportunidad: si comienzas a madrugar, tan solo a sus 30 años habrás llegado muy pero muy lejos.

CONCLUSIÓN

Querido lector o lectora, te agradezco por haber dedicado parte de tu valioso tiempo en haber leído este libro y haber llegado hasta aquí. De verdad lo aprecio mucho.

Ya tienes una muy buena perspectiva de cómo gestionar mejor tu tiempo y convertirte en una persona mucho más productiva de lo que eres a día de hoy.

En el inicio del libro, efectuamos un diagnóstico de cómo estás usando tu tiempo, a qué actividades lo estás destinando y en qué proporción; vimos los distintos tipos de administradores del tiempo y, si completaste el test que te propuse, ya tendrás una clara idea de cómo estás gestionando este precioso recurso.

Luego, en los capítulos siguientes te ofrecí 10 claves para administrar mejor tu tiempo y ser más productivo que puedes poner en práctica desde hoy mismo.

Y esto último es lo que quiero remarcarte: *el Universo recompensa la acción*. No basta solo con leer, tienes que tomar acción si es que de verdad quieres obtener los resultados deseados. No te quede solo en la teoría, pasa a la acción; si lo que pruebas te funciona, sigue haciéndolo; si no te funciona, tíralo a la basura y prueba con algo distinto.

En fin, para ser productivo hay que hacer, no solo leer. Deja la procrastinación de lado y conviértete en un hacedor.

Únete al club de los hacedores, te estamos esperando.

¡Serás muy bienvenido!

NOTAS

1. ROHN, Jim, *7 estrategias para lograr riqueza y felicidad*, Máximo potencial (ed.), 2018, p.4.
2. MOTTA, Sandra, *Isaac Newton*, «Hombres y mujeres que hicieron historia», 1° edición, Buenos Aires, Aguilar, Altea, Taurus, Alfaguara, 2014, p. 95.
3. Te puedo apostar todo lo que quieras que el bueno de Benjamín habría sido un fiel fanático de *House of Cards*.
4. Lucio Anneo Séneca (4 a.C. – 65 d.C.). Filosofo hispanorromano consejero del emperador Nerón.
5. SÉNECA, Lucio, *Sobre la brevedad de la vida*, «Una galería de lecturas pendientes», España, Junta de Andalucía, Consejería de Cultura, 2010, p. 10.
6. Platón (427-347 a.C). Filósofo griego ateniense discípulo de Sócrates y maestro de Aristóteles.
7. La TSH, o tirotropina, es la hormona producida en la hipófisis y que estimula y regula la producción de hormonas de la glándula tiroides.
8. El hipotiroidismo es una enfermedad autoinmune que provoca un funcionamiento deficiente de la glándula tiroides, que es la encargada de controlar el

metabolismo y el sistema endocrino (hormonal) del cuerpo. De allí la falta de energía.
9. Según el Informe Panorama Audiovisual 2008/09, presentado en Madrid y editado por la Entidad de Gestión de Derechos de los Productores Audiovisuales (EGEDA) en PENA, Alberto, *Guía práctica especial de gestión personal: 7 ladrones de tiempo y 7 técnicas para combatirlo*, s.d., 2010, p. 17.
10. ROHN, Jim, op. cit., pp. 58-60.
11. MARCHENA, E; HERVÍAS, F; GALO, C; RAPP, C, *Organiza tu tiempo de forma eficaz*, Cádiz, imprenta San Rafael, s.d., pp. 4-5.
12. Obviamente, el gráfico es solo de ejemplo para que te hagas una idea, pero no pretendas la perfección porque no existe.
13. Por supuesto, en el idílico caso de que cuentes con los recursos económicos necesarios para viajar al lugar al que quieras e imaginando que la actual pandemia (Covid-19) ya no estuviese entre nosotros.
14. CANFIELD, Jack, *Los principios del éxito: cómo llegar de donde está a donde quiere ir*, España, RBA libros, 2005, pp. 92-95.
15. ANDREAS, Steve; FAULKNER, Charles, *PNL. La nueva tecnología del éxito*, Barcelona, ediciones Urano S.A., 2005, pp. 62-64.
16. WARE, Bronnie, *De qué te arrepentirás antes de morir*, Grijalbo, 2013.
17. ROBINSON, Ken, *El Elemento: descubrir tu pasión lo cambia todo*, México, ediciones Grijalbo, 2009, p. 181.
18. ROBINSON, Ken, op. cit., p. 163.
19. Quiero recalcar que mudarse a otro país no es estrictamente necesario hoy en día, ya que contamos con

internet. Para bien o para mal, Zaha Hadid y Bob Dylan no disponían de esta fascinante tecnología. Tú sí, por tanto, no la desperdicies.
20. CSIKSZENTMIHALYI, Mihaly, *Fluir: una psicología de la felicidad*, 8° edición, Barcelona, Editorial Kairós, 2000, p. 25.
21. TRACY, Brian, *Metas: estrategias prácticas para determinar y conquistar sus objetivos*, Barcelona, Ediciones Urano S.A., 2004, pp. 151-152.
22. En realidad, la técnica de Pomodoro se basa en trabajar 25 minutos y descansar 5; lo que ocurre es que 25 minutos de trabajo son muy pocos como para concentrase o entrar en «flow», de modo que conviene duplicar los periodos de trabajo y de descanso respectivamente.
23. Si solo pudiste nombrar a una sola persona o inclusive a ninguna. no te preocupes, es lo normal. Pero no lo tomes como excusa sino como una forma de saber que debes conocer a nuevas y mejores personas.
24. MATEO 13:12.
25. PETERSON, Jordan B., *12 reglas para vivir: un antídoto al caos*, Barcelona, editorial Planeta, 2018, p. 23.
26. ISAACSON, Walter (2015), «Revisión de la línea de productos» en ISAACSON, Walter, *Steve Jobs*, 4° edición, Buenos Aires, Debolsillo, 2015, pp. 424-428.
27. ISAACSON, Walter, op. cit., p. 424.
28. **«Microsoft presume un aumento en productividad tras reducir jornada laboral a cuatro días»**, *Newsweek México*, edición digital, 4 de noviembre

de 2019. Link: http://www.newsweek-espanol.com/2019/11/microsoft-reducir-jornada-laboral-productividad/
29. TED x Talks, (2019, junio 5). ¿Realmente es posible vivir viajando? | Antonio G Romero | TEDxRealejo (Archivo de video). Recuperado de: http://www.youtube.com/watch?v=fe6StskXbIk
30. OLLER, Euge (Podcast Emprende Aprendiendo), (2020, junio 8). De Estudiante Frustrado a Facturar $4.000.000 en 5 años | Podcast con Antonio G (Archivo de video). Recuperado de: http://www.youtube.com/watch?v=wdc3gzFHNzs
31. No lo culpo, yo también pensé que me iban a dar el Pritzker por hacer un gran trabajo de tesis pero, en lugar de eso, solo recibí harina, pintura y huevazos por parte de mis amigos en una fría tarde de mayo de 2019.
32. Como todo en la vida, este criterio tiene sus matices; si Elon Musk no trabajara las 100 horas semanales que dice trabajar, dudo que consiguiera todo lo que consiguió pero, tratándose de uno de los más grandes emprendedores de todos los tiempos, asumo que la mayoría de esas 100 horas semanales son realmente productivas.
33. ZAPATA NAVARRO, Alejandra; ALONSO RODRÍGUEZ, Gloria, *Guía de gestión del tiempo*, s.d., p. 16.
34. FERRISS, Timothy, *La semana laboral de 4 horas*, Barcelona, RBA libros S.A., 2012, p. 111.
35. COVEY, Stephen, *Los 7 hábitos de la gente altamente efectiva*, Ciudad Autónoma de Buenos Aires, editorial Paidós, 2016, p. 182.

36. ALLEN, David, *Organízate con eficacia: el arte de la productividad sin estrés*, Barcelona, ediciones Urano S.A., 2015, pp. 38-39.
37. COVEY, Stephen, op. cit., p. 213.
38. SHARMA, Robin, *El club de las 5 de la mañana*, 1° edición, Ciudad Autónoma de Buenos Aires, Grijalbo, 2019, pp. 331-332.
39. Por supuesto, es cierto que las mujeres tienen una mayor capacidad que los hombres para hacer varias cosas al mismo tiempo, dado que el cuerpo calloso que une ambos hemisferios cerebrales tiene muchas más conexiones en el sexo femenino que en el masculino. No obstante, hacer solo una cosa a la vez garantiza muy buenos resultados en ambos sexos.
40. Suena a palabras de viejo nostálgico, ¿no? Lo cierto es que estoy hablando de tan solo unos dos o tres años atrás.
41. Basado en información de Quality software Management: System Thinking, p. 284. Cortesía de *Más y Mejor*. Link: http://masymejor.com/
42. De hecho, ese es el concepto que utiliza el Dr. Mihaly Czikszentmihalyi en su ya nombrado libro *Fluir. Una psicología de la felicidad.*
43. ROHN, Jim, op. cit., p. 61.
44. Recordemos que la dopamina es el neurotransmisor que utiliza el cerebro para motivarnos a actuar y obtener una recompensa; cuando ésta se obtiene, se produce un efecto de relajación. Lo malo es que el cerebro no distingue si la recompensa viene dada por completar una tarea importante (como terminar una sesión de entrenamiento) o una superflua

(como navegar por las redes sociales sin sentido alguno). De modo que, el efecto final sigue siendo el mismo; la relajación y la progresiva pereza.
45. Recuerda que el hombre más rico del mundo realiza menos de media docena de reuniones al año en Amazon.
46. Por supuesto, hay muy buenos canales de YouTube con información de valor pero, lamentablemente, son los menos consumidos por los usuarios.
47. GOLEMAN, Daniel, *La inteligencia emocional*, Argentina, Ediciones B, 2000, p. 106.
48. Según Charles Duhhig, autor de *El poder de los hábitos*, "el bucle del hábito" consta de tres partes: alarma, rutina y recompensa. Es Robin Sharma, en el libro *El club de las cinco de la mañana*, quien añade un eslabón más que, en realidad, es obvio: la repetición.
49. Según las investigaciones realizadas en el University College de Londres en SHARMA, Robin, *El club de las cinco de la mañana*, 1° edición, Ciudad Autónoma de Buenos Aires, Grijalbo, 2019, pág. 233.

BIBLIOGRAFÍA

ALLEN, David, *Organízate con eficacia: el arte de la productividad sin estrés*, Barcelona, Ediciones Urano S.A., 2015.

ANDREAS, Steve; FAULKNER, Charles, *PNL, la nueva tecnología del éxito*, Barcelona, Ediciones Urano S.A., 2005.

CANFIELD, Jack, *Los principios del éxito: cómo llegar desde donde está a donde quiere ir*, España, RBA libros, 2005.

COOPER, Ian, *Dueños del tiempo: ideas prácticas para retomar el control de tu vida*, España, editorial Empresa Activa, 2010.

COVEY, Stephen, *Los 7 hábitos de la gente altamente efectiva*, Ciudad Autónoma de Buenos Aires, editorial Paidós, 2016.

FERRISS, Timothy, *La semana laboral de 4 horas*, Barcelona, RBA libros S.A., 2012.

KOCH, Richard, *El principio 80/20: el secreto de lograr más con menos*, ebook, Paidós Ibérica, 2009.

MARCHENA, E; HERVÍAS, F: GALO, C; RAPP, C, *Organiza tu tiempo de forma eficaz*, Cádiz, imprenta San Rafael, s.d.

ROBINSON, Ken. *El elemento: descubrir tu pasión lo cambia todo*, México, ediciones Grijalbo, 2009.

ROHN, Jim, *7 estrategias para lograr riqueza y felicidad*, Máximo Potencial (ed.), 2018.

SÉNECA, Lucio, *Sobre la brevedad de la vida*, «Una Galería de Lecturas Pendientes», España, Junta de Andalucía, Consejería de cultura, 2010.

SHARMA, Robin, *El club de las 5 de la mañana*, 1° edición, Ciudad Autónoma de Buenos Aires, Grijalbo, 2019.

TRACY, Brian, *Metas: estrategias prácticas para determinar y conquistar sus objetivos*, Barcelona, Ediciones Urano S.A., 2004.

WARE, Bronnie, *De qué te arrepentirás antes de morir*, Grijalbo, 2013.

Guías

ANDALUCÍA EMPRENDE. FUNDACIÓN PÚBLICA ANDALUZA. *Gestión eficaz del tiempo: primero lo primero*, s.d. Recuperado de: http://www.andaluciaemprende.es/wp-content/uploads/2019/03/Gestion-del-tiempo-lo-primero-es-lo-primero.pdf

MINDMATIC, *Procrastinación*, recuperado de: http://www.mindmatic.com.ar/procrastinat.pdf

PENA, Alberto, *Guía práctica especial de gestión personal: 7 ladrones de tiempo y 7 técnicas para combatirlos*, s.d., 2010. Recuperado de: http://thinkwasabi.com/wp-content//downloads/Ladrones-Tiempo.pdf

RECURSOS PARA PyMES, *Cómo vencer la procrastinación: la guía de 10 minutos con las técnicas que se ha demostrado que funcionan*. Recuperado de: http://recursosparapymes.com/exclusivo-premium/Prcrastinacion.pdf

UNIVERSIDAD DE LEÓN, *Gestión eficaz del tiempo*, s.d.

ZAPATA NAVARRO, Alejandro; ALONSO RODRÍGUEZ, Gloria, *Guía de gestión del tiempo*, s.d.

OTROS LIBROS DEL AUTOR

Querido lector o lectora, una vez más, te agradezco tu confianza y el tiempo destinado en llegar hasta aquí. Te vuelvo a pedir que por favor me dejes un comentario en Amazon: estaré encantado de conocer tu opinión.

También quiero invitarte a leer los otros libros de mi colección *Controla tu tiempo*. En ellos, me explayo y voy mucho más a profundidad en varios de los temas que hemos visto en este libro.

COLECCIÓN
CONTROLA TU TIEMPO

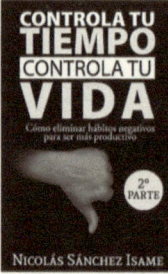

CONTROLA TU TIEMPO, CONTROLA TU VIDA | PRIMERA PARTE
Cómo aplicar las bases de la productividad personal

En esta primera parte conocerás cuales son las bases de la productividad personal y cómo puedes aplicarlas en tu vida. Las bases o fundamentos consisten en los siguientes cinco pasos:

- Descubrir tu propósito de vida.
- Establecer tus prioridades.
- Escribir tus metas y objetivos.
- Diseñar planes y programarlos.
- Tomar acción masiva focalizada.

CONTROLA TU TIEMPO, CONTROLA TU VIDA | SEGUNDA PARTE
Cómo eliminar hábitos negativos para ser más productivo

En esta segunda parte aprenderás a identificar el origen, las causas y las consecuencias de cuatro malos hábitos personales que afectan a tus niveles de productividad y, por supuesto, te enseñaré cómo puedes deshacerte de ellos. Estos cuatro malos hábitos son:

- El estrés.
- La preocupación.
- La procrastinación.
- Las interrupciones y distracciones.

CONTROLA TU TIEMPO, CONTROLA TU VIDA | TERCERA PARTE
Cómo desarrollar hábitos positivos para ser más productivo

En esta tercera parte aprenderás cuales son aquellos hábitos que las personas más exitosas y productivas practican a diario, y te enseñaré cómo puedes instaurarlos –

de manera progresiva – para que formen parte de tu vida. Estos cuatro hábitos son:

- Madrugar.
- Dormir bien.
- Descansar y divertirse.
- Incorporar una serie de hábitos personales y laborales productivos.

ADIOS PROCRASTINACIÓN
Cómo hacer hoy lo que quieres dejar para mañana

Si eres de las personas que deja para mañana lo que puede hacer hoy, este libro es para ti. En esta obra aprenderás cómo se originó la procrastinación, qué estrategias puedes emplear para combatirla y un plan de acción para derrotarla definitivamente. Adicionalmente, podrás aprender:

- Las razones más comunes por las que procrastinas.
- Los elevados costes (de tiempo y dinero) de procrastinar.
- Dónde se está yendo tu tiempo sin que te des cuenta.
- Las diferencias entre un procrastinador y un hacedor.
- Y mucho más.

LADRONES DE TIEMPO
Cómo vencer los enemigos de la buena y larga vida

El mundo actual dominado por la economía de la atención, la digitalización y la gratificación instantánea está diseñado para robarte todo tu tiempo. En este libro aprenderás a identificar a estos ladrones y cómo vencerlos.

En esta obra aprenderás:

- Cuál es el ladrón de tiempo nº 1.
- Porque tu propia forma de pensar puede hacerte perder mucho tiempo.
- Cómo reducir drásticamente la cantidad de horas que pierdes mirando televisión y en Internet.
- Todo lo que te quita salud, vitalidad y energía sin que te des cuenta.
- La relación entre el uso que haces de tu dinero y tu tiempo.
- El efecto negativo de las malas relaciones interpersonales.
- Y mucho más.

PLANIFICADOR
Programa semana a semana tus próximos 90 días

Todas las personas de éxito planifican su tiempo, pero las que no lo tienen, no lo hacen. De modo que si no planificas tu tiempo, tienes asegurado el fracaso.

Esta herramienta te servirá para programar semana a semana, y día a día, tus próximos 90 días, de este modo ¡estarás planificando tu éxito!

Con este planificador podrás:

- Definir tus objetivos trimestrales, mensuales y semanales.
- Programar tu semana en base a tus objetivos.
- Programar cada uno de tus días mediante bloques de tiempo o «timeblocking».
- Tener siempre a mano tu lista de tareas con casilleros para marcar si cumpliste o no con ellas.
- Y mucho más.

Por último, pero no por ello menos importante, también quiero volver a comentarte que, si tienes alguna duda o consulta, por favor envíame un mail a contactonicosais@gmail.com. Estaré encantado de responderte.

Nicolás Sánchez Isame
12 de octubre de 2020
Santa Fe, Argentina

SOBRE EL AUTOR

Nicolás Sánchez Isame, es arquitecto de formación pero apasionado de la productividad y el desarrollo personal.
A principios de 2015, siendo ya un destacado estudiante de Arquitectura y Urbanismo, sufre una de las peores crisis de su vida: comienza a padecer Cefalea

Crónica Diaria. Esta patología le impide casi por completo continuar con sus estudios universitarios, y su carrera queda interrumpida por casi dos años en los que padece dicha enfermedad. No obstante, Nicolás aprovecha esos dos años para, en la medida de sus posibilidades, comenzar a leer libros de autoayuda y desarrollo personal.

Una vez superada esta dura etapa de su vida, en 2017, retoma sus estudios universitarios y se gradúa en la Facultad de Arquitectura, Diseño y Urbanismo de la Universidad Nacional del Litoral dos años después.

Luego de unos meses de duelo a principios de 2019 - ya que su padre había fallecido en noviembre de 2018 -, una vez recuperados el ánimo y el entusiasmo, toma una inesperada decisión: escribir su primer libro. Así surgió la trilogía *Controla tu tiempo, controla tu vida.*

Actualmente, Nicolás ya tiene cuatro libros escritos, está escribiendo otro y tiene el deseo ardiente de escribir muchos más.

Para más información visita:
 www.nicosais.com

Sígueme en mis redes sociales:
 /Nicolás Sánchez Isame
 @Nicosaisok
 @nicosais
 @nicosais

Escucha mi podcast "Una vida productiva":
 anchor.fm/unavidaproductiva
 open.spotify.com/show/unavidaproductiva
 ivoox.com/podcast-una-vida-productiva
 podcasts.apple.com/us/podcast/una-vida-productiva

www.ingramcontent.com/pod-product-compliance
Lightning Source LLC
Chambersburg PA
CBHW031920240526
45464CB00021B/617